SOUVENIRS

DE

LA DUCHESSE DE DINO

PUBLIÉS PAR SA PETITE-FILLE

LA COMTESSE JEAN DE CASTELLANE

PRÉFACE DE

ÉTIENNE LAMY

DE L'ACADÉMIE FRANÇAISE

PARIS

CALMANN-LÉVY, ÉDITEURS

3, RUE AUBER, 3

SOUVENIRS

DE

LA DUCHESSE DE DINO

1083-00. — Coulommiers. Imp. PAUL BRODARD. — 5-08.

SOUVENIRS

DE

LA DUCHESSE DE DINO

PUBLIÉS PAR SA PETITE-FILLE

LA COMTESSE JEAN DE CASTELLANE

PRÉFACE

DE

M. ÉTIENNE LAMY

DE L'ACADÉMIE FRANÇAISE

PARIS

CALMANN-LÉVY, ÉDITEURS

3, RUE AUBER, 3

—

LA DUCHESSE DE DINO

D'après le tableau peint par Prudhon

PRÉFACE

Parmi les femmes du XIXᵉ siècle, la plus Européenne peut-être fut celle qui s'appela d'abord princesse Dorothée de Courlande, puis comtesse de Périgord, enfin duchesse de Dino et de Sagan. Courlandaise d'origine, élevée en Allemagne, mariée en France, elle appartint par le sang, par le goût, par le devoir, à trois nations différentes. Dès l'enfance, elle eut à Berlin un renom de petit prodige, mais ces rayons d'aube ne présagent pas toujours l'éclat du jour, et, au début du XIXᵉ siècle, les réputations nées hors de France semblaient des gloires de province. A seize ans, elle acquit chez nous droit de cité ; son mariage lui donna pour oncle l'arbitre le plus difficile et le plus sûr des élégances intellectuelles et sociales, le prince de Talleyrand.

En 1814, le prince, après avoir étudié sa nièce, voulut se parer d'elle au congrès de Vienne. En cette ville tous les souverains tinrent quelques mois leurs cours, et non seulement les traités, mais même les modes mondaines, commencèrent les revanches de l'Europe victorieuse contre l'hégémonie française. Talleyrand, ambassadeur de notre défaite, et soucieux d'effacer son passé révolutionnaire, ne pouvait présenter à la vieille société, qui imposait de nouveau ses principes et ses exclusions, la princesse de Bénévent. Il se tira d'embarras et soumit à une redoutable épreuve sa nièce, en faisant faire par elle les honneurs de l'ambassade. Dans cette élite de la politique, de l'aristocratie, de l'esprit, de la beauté, tout était splendeur, et grâces, et séductions, mais tout était curiosité, calculs, pièges, nulle imperfection ne pouvait échapper à tant d'yeux si pénétrants, et il fallait plaire à tous pour réussir! A ce congrès qui élevait et abaissait souverainement les puissances, celle de la jeune femme fut consacrée. Son succès à Vienne accrédita dans la société polie de toute l'Europe cette beauté intelligente, qu'on ne connaissait pas toute en la voyant, qui devenait plus séductrice quand elle parlait, qui savait écouter et se taire, dont le tact suppléait l'expérience, et qui, même aux côtés d'un tel ambassadeur, ne fut pas effacée.

Leurs mérites se complétaient et ne se séparèrent plus. Désormais elle partagea la vie publique où il gouvernait les affaires, et la retraite d'où il les épiait. Elle fut non seulement la grande dame qui perpétuait pour le plus raffiné des grands seigneurs tous les charmes de l'ancienne société, mais une confidente pour l'intelligence et une collaboratrice pour les travaux du politique. Lui mort, l'attache qui la retenait à la France fut brisée. Elle y gardait de vraies affections, elle leur réserva quelques visites et des lettres nombreuses, mais rentra comme d'exil dans la chère Allemagne de son enfance. Là elle n'avait pas pour ennemis les ennemis de M. de Talleyrand et retrouvait les fidèles sympathies des Hohenzollern; là surtout son influence fut visible, son prestige populaire et, en 1862, sa mort pleurée.

Les grands acteurs de l'existence mondaine sont un peu comme ceux du théâtre. Avec leurs gestes et le son de leur voix finit la vie de leur gloire, qui bientôt tient toute en leur nom. Le souvenir de madame de Dino allait s'évaporant comme un parfum, lorsqu'un honneur plus durable lui fut rendu. Les Mémoires, récemment publiés, de M. de Barante, contenaient toute une correspondance de la duchesse. Ces lettres, par l'élévation, la tendresse, l'éloquence dépassaient singulièrement la facilité naturelle aux femmes dans leurs causeries écrites. Les bons juges furent unanimes à reconnaître un penseur, un écrivain, et à souhaiter qu'il se survécût en d'autres œuvres, dignes de celles-là.

Ces *Souvenirs* n'obtiendront pas une moindre faveur. Ils furent écrits en 1822, et la duchesse y raconte son enfance. Dès la première page, une des plus jolies, elle dit comment lui vint l'idée de ce travail. Un de ses amis surprend dans ses yeux des larmes, la devine malheureuse, lui conseille des distractions ordinaires : « Allez dans le monde. — J'en suis excédée. — Les spectacles, la promenade? — Me fatiguent. — Les voyages? — M'éloignent de ce que j'aime. — Essayez de la coquetterie. —

Je l'ai épuisée. — De la dévotion. — Je l'ai traversée. — Eh bien, écrivez. — Et quoi? — Vos *Mémoires*. — Quelle folie! » A la réflexion, elle jugea cette folie sagesse, elle eut raison. D'abord les *Souvenirs* sont tout vivants de faits, et de faits qui mêlent sans cesse l'histoire d'une enfant à la grande histoire. Les lettrés aimeront une simplicité qui ne songe jamais à étonner, mais où il y a de la force épandue, une abondance de pensées, de sensations, d'images, qui, amenées et entraînées par le cours du récit, glissent comme entre deux eaux, sans s'attarder jamais à se mettre plus en lumière, un instinct de laisser inachevé plutôt que de revenir pour parfaire, un don de trouver l'excellent par rencontres non cherchées, un art de ne pas s'appliquer, une façon naturelle de tenir la plume, comme une grande dame cause, se vêt et se meut, avec une distinction presque distraite où rien n'est métier et où tout est race. Enfin ces *Souvenirs* nous apprennent ce que fut l'éducation de l'enfant, comment se préparait une destinée brillante et incomplète, et par quel effort de conscience la femme dut parfaire seule l'œuvre de

ses maîtres et peu à peu s'élever aux sentiments
qui furent l'ascension morale de sa vie.

I

Si ces *Souvenirs* avaient été publiés au moment
où ils furent écrits, et que, selon la mode d'alors,
on eût voulu expliquer l'œuvre par le titre,
celui-ci méritait d'être choisi : « Dorothée ou le
malheur des trop grands biens. »

Le pays des fortunes les plus soudaines et les
plus extraordinaires fut, au xviiie siècle, la Russie.
L'autocratie créatrice du jeune empire n'avait
pas voulu se limiter, même par une loi qui
réglât la transmission du pouvoir. Le tsar dési-
gnait à son gré son héritier. Mais s'il mourait
sans avoir rien dit, force était de suppléer à ce
silence, les principaux serviteurs du souverain
défunt choisissaient le souverain nouveau : l'excès
de l'omnipotence aboutissait à abandonner aux
sujets la création de l'autorité. Cela arriva dès
la mort de Pierre le Grand. Remettre la couronne
à sa veuve Catherine parut au conseil de l'empire garder le pouvoir pour lui-même : ainsi

commença le règne des impératrices. Cinq se succédèrent sur le trône durant les trois quarts du xviiie siècle. Mais le bénéfice ne fut pas pour ceux qui les avaient élevées. Ces souveraines ne se trouvèrent pas faites pour le veuvage qui leur avait valu le trône. L'expérience des vieux serviteurs avait trop de rides, les impératrices préférèrent les mérites que le temps enlève aux mérites que le temps apporte. Toutes-puissantes, elles ignoraient les obstacles accordés d'ordinaire comme sauvegarde à la vertu tentée, et il leur suffisait de désirer pour avoir déjà obtenu. Des sujets jeunes et beaux rendirent le service d'état que leur demandait l'amour, et l'amour prêta ses ailes à leur fortune. A défaut de vertu, l'orgueil chez ces souveraines souffrait de leurs faiblesses : il précipita la prodigalité des titres, des honneurs, des richesses, entassés comme pour amoindrir la distance entre elles et leurs favoris[1]. Rien n'était obstacle dans un État qui avait pour seule constitution la constitution de ces voluptueuses. Ainsi se forma une aristocratie contraire à la

---

1. Voy. *l'Héritage de Pierre le Grand. Règne des femmes, gouvernement des favoris,* par Waliszewski. In-8°, Plon, 1900.

structure normale de la noblesse, qui est fille du temps. Cette noblesse d'origine fut, en Russie, dominée par de jeunes envahisseurs qui usurpaient d'un coup les plus hautes dignités, certains encore peuple par les rudesses primitives, les énergies solitaires, les férocités impitoyables qu'une aristocratie traditionnelle dissout dans l'élégance de ses mœurs et la solidarité de ses intérêts. Ces audaces cruelles trouvèrent leur emploi contre Pierre III, Paul Ier, et la vie amoureuse des impératrices prépara la mort tragique des empereurs.

Des favoris, le premier par la date, la durée, l'éclat et les éclipses de sa fortune fut Jean de Biren. C'était un petit compagnon, né en Courlande. Cette contrée, unie à la Pologne par un lien fédératif, vivait libre sous des ducs nationaux. Un d'eux, au début du xviiie siècle, avait épousé une nièce de Pierre le Grand, Anne, et mourut le jour de ses noces, laissant le duché à sa veuve. Jean occupait à la chancellerie de Mittau un emploi modeste; une affaire de service lui donna un jour accès près de sa souveraine, à celle-ci la rencontre inspira une bienveillance bientôt passionnée. Biren gouvernait depuis dix ans le duché et la duchesse, quand elle fut, en 1730, à la mort de Catherine, appelée au trône de Russie. Biren la suivit en maître. Dans ce pays, aux mœurs encore asiatiques, le pouvoir donnait la richesse, avec les présents des protégés et les dépouilles des adversaires : vingt mille exils en Sibérie et douze mille exécutions pourvurent avec surabondance à la sûreté de l'État et à la fortune de Biren. De la souveraineté il ne lui manquait guère que le titre. L'impératrice, renonçant pour lui à la Courlande, le fit élire par la diète de la province : en 1737 il devint duc de Courlande. Enfin, libérale pour lui jusque dans la mort, Anne lui confia par testament la régence de la Russie, c'est-à-dire le pouvoir absolu durant la minorité de Pierre III, alors au berceau. Mais en 1741 il est surpris par une conspiration de palais, et, de tout ce qu'il possédait, rien ne lui est laissé que la vie. C'était assez pour qu'il recommençât, étape par étape, son retour vers ses biens perdus. Il mit à les recouvrer le même temps qu'il avait mis à les conquérir : vingt-trois ans. En 1762, son épée, la même qui lui avait été prise en 1741, lui fut rendue, et l'année suivante la Courlande. Mais ce qui ne pouvait lui être rendu c'était la confiance et la joie. Il avait trop éprouvé la fragilité des choses. Ce que l'amour lui avait offert, la haine le lui avait ôté, l'arbitraire le lui restituait, un nouveau caprice pouvait le lui reprendre, et tout lui serait ravi par la mort, déjà proche derrière la vieillesse. En 1769, il abdiqua en faveur de son fils aîné, et en 1772 acheva sa vie, ayant trouvé au fond des prospérités la tristesse.

Son fils aîné Pierre recueillit l'héritage, mais non le désenchantement. Il avait les aptitudes d'un prince médiatisé, n'aimait pas le travail qui vole du temps au repos, se plaisait aux honneurs sans obligations et à l'inconstance des joies. Le mariage même ne l'avait pas fixé : après deux unions courtes, stériles et rompues par le divorce, il épousa, en 1779, une de ses sujettes, la comtesse de Medem, que désignaient à son choix « sept cents ans d'une noblesse sans tache ». Sept cents ans de noblesse sont jolis à voir dans un visage de vingt ans, et, cette fois, le duc avait trouvé la compagne de sa vie mondaine. Mittau, quoique placé sur la route de Berlin à Pétersbourg, et bien fourni de nouvelles, était à l'écart des amusements. Malgré la loi qui interdisait aux souverains de quitter le duché, le couple princier prit son vol vers le soleil, passa en Italie les années 1784 et 1785, et se prépara en Allemagne un établissement. Le duc acheta en Silésie le fief de Sagan, qui avait été à Wallenstein ; en Bohême, en Saxe, en Prusse de grandes terres ; à Berlin, le palais que Frédéric II avait bâti pour sa sœur Amélie. Ses séjours dans ses domaines ne lui laissaient pas le temps de rentrer dans ses États. Il vivait heureux loin de ses sujets, passionné pour les objets d'art. Les plus beaux à ses yeux étaient les quatre filles que lui avait données sa troisième femme, et qui grandissaient autour de lui. La dernière, née le 24 août 1793, était Dorothée.

Il était temps qu'elle vînt au monde pour naître fille de souverain. On touchait au dernier partage de la Pologne et Catherine II voulait la Courlande. Le duc fut heureux de vendre ce qu'il ne pouvait conserver. Un capital de deux millions de roubles, soit huit millions de francs, une pension de vingt-cinq ducats, soit deux cent cinquante mille francs, lui payèrent l'abandon de sa principauté, et dès lors il ne fut plus qu'un oisif de marque, certain d'avoir gagné à accroître sa richesse en diminuant ses devoirs. A Berlin, l'existence des Courlande demeurait presque royale ; les égards que leur témoignait la maison régnante de Prusse étaient devenus de l'amitié ; la reine Louise s'était liée avec la duchesse ; le prince Louis-Ferdinand, qui devait finir à Iéna, était le compagnon des filles aînées ; sa sœur, la princesse Radziwill, avait voulu être la marraine de la petite Dorothée. Mais la résidence principale des Courlande était Sagan. Le domaine était immense, le château magnifique, digne de Wallenstein et de ses rêves. Quelques meubles du grand homme rappelaient son passage, qui avait laissé à cette demeure la majesté de l'histoire. C'était de l'histoire aussi que « toutes ces curiosités de l'Asie qui avaient été offertes à mon grand-père durant sa régence », et qui, « avec les tableaux et les marbres apportés d'Italie par le prince Pierre », remplissaient de « magnifiques inutilités » les appartements nombreux et tous habités. De Silésie, de Berlin, de

Prague, de Dresde, les visiteurs se succédaient, mêlant leur va-et-vient au groupe des gentilshommes qui vivaient à demeure dans la familiarité du maître. Des demoiselles d'honneur, escorte permanente, entouraient aussi la duchesse. Les grandes chasses, les longs repas, les redoutes et les bals étaient pour le travail; pour le repos « une troupe de comédiens assez passables, des chanteurs italiens et de bons musiciens attachés à la maison de mon père ». C'était à peu près l'existence qu'on menait dans les petites cours d'Allemagne. Mais celles-ci, pauvres pour la plupart, étaient réduites à un mince apparat de surface; l'on enfonçait à Sagan dans une profondeur d'opulence, qui, inférieure aux ressources, était encore de la modestie.

Cette splendeur fut pour Dorothée la première vision, et laissa dans ses yeux un éblouissement; il lui parut avoir commencé par vivre un conte de fée. Elle y jouait son rôle, et était elle-même pour la compagnie le plaisir d'un instant lorsque, habillée et parée, elle passait de mains en mains et de caresses en caresses. C'est alors qu'elle rencontrait sa mère. Celle-ci se devait à ses hôtes, à leurs plaisirs où elle trouvait le sien; elle n'avait pas de temps pour cette petite fille dont elle connaissait moins l'âme que les toilettes. Telle est la misère de la richesse : l'or sépare ceux qu'il comble. L'oisiveté, plus que le travail, dissocie les familles; souvent leur vie commune est ruinée à proportion que s'accroît leur fortune, et les enfants les plus abandonnés ne sont pas toujours ceux des pauvres. Malgré tous les privilèges du rang et du luxe, au foyer de cette fête perpétuelle et de cette hospitalité attentive pour tous, la petite princesse grandissait, solitaire, oubliée, aux mains d'une vieille Anglaise.

Cette gouvernante avait pour principes que la santé se fortifie par l'eau froide, et l'intelligence par le fouet; tour à tour, elle trempait et fessait son élève. L'eau froide que l'élève jugeait barbare est aujourd'hui réhabilitée. Le fouet le sera peut-être à son tour. Il se trouvera des novateurs pour élever ce châtiment à la dignité de sport, combattre la superstition de l'épiderme intangible, flétrir la barbarie qui emprisonne et courbe sur d'inintelligents pensums les jeunes corps faits pour le grand air et l'exercice, et préférer le

châtiment court, inoffensif et sain, grâce auquel
le sang circule plus vite. Mais l'Anglaise, fille
d'une race insatiable, battait sans mesure. Et ce
traitement cruel déconcertait comme un illogisme
la petite princesse. Elle se sentait une part vivante
et inséparable de la puissance sociale qu'elle
voyait chaque jour consacrée par les empresse-
ments et les respects unanimes. Et elle était
livrée à des subalternes, maltraitée sans qu'en sa
personne nul de ses proches se sentît atteint, sans
que surtout sa mère connût les humiliations infli-
gées à sa fille. Les jeunes ont une divination
infaillible de ce qui leur est dû. Sans l'avoir appris
de personne, la petite victime savait que la présence des mères est un droit pour leurs enfants
s'ils souffrent. L'absence de la mère fut à la fille
l'épreuve qui blesse l'ordre naturel des choses,
la douleur qui vient d'où l'on attendait la joie,
la surprise où il y a de la trahison. Quelle plainte
secrète dans ces lignes : « Si, tout en aimant
beaucoup ma mère, en rendant justice à ses rares
qualités, en la prisant bien haut, en la mettant
bien à part, je ne suis jamais arrivée avec elle à
des relations précisément filiales, j'en attribue

la première cause à ce temps d'oppression dont ma jeune tête lui faisait intérieurement quelques reproches. » Cette déception n'a pas seulement tari la source des confiances sans réserve entre la fille et la mère. Si la plus parfaite des tendresses est indifférente et lointaine, qu'espérer des autres affections? Une défiance universelle désenchante cette âme d'enfant. L'oiseau noir de la mélancolie ramené d'exil par Jean de Biren, et qui n'a pas trouvé où se poser sur les agitations bruyantes du duc Pierre, habite la chambre de Dorothée oubliée, et assombrit de la même ombre les derniers jours de l'aïeul et les premières années de la petite-fille. Mais en celle-ci, non assouplie encore par la discipline des désillusions, les instincts de justice et de bonheur se dressent en révolte. Elle oppose aux mauvais traitements sa mauvaise volonté, pousse en sauvageon, n'écoute rien, n'apprend rien. A sept ans, elle ne connaissait pas l'alphabet et savait seulement désobéir en trois langues, « le français que, dit-elle, j'avais attrapé au salon; l'allemand, qui m'arriva par l'antichambre, et l'anglais, que j'apprenais à travers les gronderies et les coups ».

II

En 1800, le duc Pierre mourut. Ses filles, qu'on regardât la dot ou le visage, prenaient rang parmi les superbes partis de l'Europe. Moins de six mois après, les trois aînées étaient pourvues.

Pour l'aînée, Wilhelmine, un projet s'était préparé de lui-même où semblaient réunis le bonheur et l'éclat. La familiarité d'enfance entre la jeune fille et le prince Louis-Ferdinand de Prusse, « tous deux jeunes, beaux, doués de qualités semblables », était devenue un sentiment très tendre. La sœur du prince, marraine de Dorothée, « désirait vivement cette alliance qui, à la première ouverture, parut convenir également au roi de Prusse, notre tuteur ». Mais les mariages des princes sont affaires d'État et l'État a des raisons que le cœur ne connaît pas. Les collatéraux que leur naissance place près du trône sans chance de s'y asseoir sont un peu les suspects des races royales. Les dons brillants du prince Louis rejetaient dans l'ombre le terne équilibre où s'immobilisaient les mérites du roi. Le prince était riche et le paraissait plus encore par comparaison avec les maigres ressources de la famille régnante. Tandis que le roi semblait embarrassé par l'épée du grand Frédéric et ami de la paix, le prince, chef idolâtré des jeunes officiers, considérait la guerre contre la France comme un devoir d'ambition pour la Prusse, et condamnait la tactique déjà vieillie qui paralyserait l'armée dans la tâche nouvelle. Unir à Wilhelmine ce prince était accroître sa fortune d'une fortune égale, son ambition d'un orgueil non moins impérieux, sa hardiesse d'une énergie plus tenace : alors celui qui était seulement un embarras pouvait devenir un danger. Aussi les conseillers de la couronne s'opposèrent-ils au mariage. Le prince, affirment les *Souvenirs*, eut « de longs regrets » qu'il étourdit par des dissipations. Elles ne laissèrent pas à cet homme si bien doué le temps de mûrir sa tête, comme dit Clauzewitz. Il ne fut que le roi des mauvais sujets et sa bravoure ne lui prépara qu'une mort inutile. Wilhelmine, blessée de ce qu'elle appelait « les torts de la cour de Berlin », saisit la vengeance préférée des jeunes filles et voulut prouver l'absence de ses regrets par sa promptitude à accepter un autre époux : ce fut le prince Louis de Rohan. La seconde, Pauline, choisit un prince de Hohenzollern-Hechingen, chef de la branche aînée de Brandebourg, la troisième, un Italien, le duc d'Acerenza, des princes Pignatelli. On crut que la duchesse allait suivre l'exemple de ses filles et les dépasser par la splendeur de l'alliance. Un oncle du roi Gustave de Suède, le duc d'Ostromanie, offrit sa main à la veuve, jeune encore et toujours belle. Mais elle n'avait pas fui la neige de Mittau pour la retrouver à Stockholm. Elle objecta que le climat de la Suède serait trop rigoureux pour la jeune Dorothée. Celle-ci, dans ses *Souvenirs*, juge d'un mot les époux de ses sœurs, acceptés pour leur « naissance », leur « jolie figure » ou leur « importunité », et condamne ces consentements si légers dans « la seule grande question de la vie des femmes ». Au moment de ces mariages elle n'en aperçut que les fêtes, un peu voilées du deuil si proche, et, sous des couleurs plus sombres et avec des personnages nouveaux, s'était continuée sa vie de pompes princières et de secrète indigence.

Il fallut, pour changer les choses, que, par hasard, un ami de la maison interrogeât cette petite fille farouche, jaune, maigre, et dont les yeux immenses semblaient tout le visage. Surpris qu'elle fût tout inculte, « il voulut s'assurer lui-même si cette ignorance tenait à de la mauvaise volonté, à de la stupidité ou à quelques défauts dans la manière d'enseigner ». Il commença à apprendre l'alphabet à l'enfant qui, en huit jours, sut lire « comme une grande personne ». Il conclut de l'épreuve que l'élève manquait seulement de bons maîtres et qu'elle leur ferait honneur.

La duchesse, tout à coup, s'éprit du devoir que son deuil lui laissait le temps d'accomplir. On lui atteste l'intelligence de la petite sauvage : il faut en faire une merveille, pour le plus grand honneur de la famille. La duchesse cherche dans ses souvenirs les modèles les plus parfaits de l'éducation qu'elle souhaite. Huit années auparavant, un conflit du duc Pierre avec sa diète de Courlande, qui ne pardonnait pas à son prince d'être toujours voyageur, était soumis au suzerain Stanislas-Auguste, roi de Pologne, et avait amené la duchesse à Varsovie. En ces Polonais, civilisés depuis des siècles et rattachés par leurs croyances à l'Occident, elle avait enfin vu ce que sa délicatesse cherchait : une aristocratie dégagée des lourdeurs allemandes et des barbaries cosaques, affinée par toutes les souplesses de la race slave, et, sous le plus faible des gouvernements, la plus brillante des sociétés. Là une jeune fille avait paru à la duchesse l'emporter sur toutes, et, de l'avis général, les dons naturels de mademoiselle Christine Potocka devaient leur perfection à l'habileté de son institutrice, mademoiselle Hoffmann. Un homme aussi avait semblé à la duchesse supérieur aux autres; c'était l'abbé Piattoli, un Florentin, d'âge mûr, de visage noble, de belle prestance : ces avantages extérieurs n'étaient que la parure de dons plus essentiels, un caractère loyal, une nature généreuse, une intelligence vive, qui s'était chargée sans fatigue d'une vaste érudition, et avait, par préférence, approfondi les sciences exactes. Il eût voulu ne vivre que pour apprendre : il lui avait fallu, pour vivre, enseigner. Confiée à ses soins, l'éducation du prince Lubomirski avait instruit même le précepteur, qu'elle initia aux épreuves et aux espoirs de la Pologne déjà amoindrie, mais vivante encore. Le Florentin s'était senti le cœur polonais. Sa tâche auprès de son élève terminée, il mit son zèle au service de la nation, et, collaborateur des patriotes les plus actifs, devint le secrétaire de Stanislas-Auguste, auprès de qui la duchesse l'avait trouvé. Il s'était employé efficacement pour la noble solliciteuse. Depuis, la Pologne avait subi le dernier partage, et la ruine de la nation changé bien des destinées. Piattoli, traité en rebelle par la Russie, avait subi une dure captivité, jusqu'à ce que la duchesse, reconnaissante, obtînt son élargissement et lui offrît asile. Mademoiselle Christine Potocka, pour partager le sort de son père, otage à Pétersbourg, avait laissé mademoiselle Hoffmann sans élève. Sans élève! Elle peut donc instruire Dorothée! Et la duchesse, toute affaire cessante, s'assure les soins de l'incomparable institutrice. Mais quand Piattoli sut qu'il y avait un petit prodige à former, il voulut s'acquitter envers la fille de ce qu'il devait à la mère, déclara qu'il se sentait le goût de finir par son premier métier : et la personne de sept ans qui venait de naître à l'attention maternelle eut à la fois une institutrice et un gouverneur.

Que mademoiselle Hoffmann, Allemande protestante, eût commencé par suivre en France un jeune Français, que la mort de celui-ci eût devancé leur mariage, que, pour partager du moins sa foi et le mieux pleurer, la presque veuve se fût convertie au catholicisme et à la vie religieuse, que, sur le point de prononcer ses vœux, elle eût abandonné son couvent, et traversé deux religions pour y dépouiller toute croyance, la duchesse ne s'en était pas inquiétée. Pour l'abbé Piattoli, malgré son titre, il était laïque, un peu libertin et tout à fait incrédule. Sa foi se bornait à une idolâtrie de la métaphysique encyclopédiste. Et tandis que mademoiselle Hoffmann, « passionnée pour l'*Émile* », appliquait à son élève l'hygiène de Rousseau, Piattoli « estimait Condillac un guide plus sûr que l'Évangile ». Mais comment la duchesse eût-elle été assez en retard sur la mode pour garder les scrupules déjà éteints dans son monde?

L'enseignement laïque, en effet, date du xviiie siècle et fut inauguré dans toute l'Europe par l'aristocratie. La France donna le signal : là, plus qu'en aucun autre pays, une royauté usurpatrice de toutes les forces sociales avait gâté les classes les plus proches d'elle, par les tentations de ses exemples et les mauvais conseils de l'oisiveté. La décadence des mœurs avait préparé celle des croyances et la philosophie du xviii° siècle était née de cette corruption. Il devenait si commode pour ceux à qui on n'avait laissé d'autre tâche que le plaisir, de se faire une morale conforme à leurs penchants, de se rendre ainsi la vie facile et la conscience légère. Il était si flatteur pour chacun de croire à la bonté naturelle du genre humain, au progrès continu de la raison dans les cœurs purs. Il était si logique de rejeter, comme des fables injurieuses pour cette raison, les croyances gênantes pour cette joie de vivre et négatrices de cette bonté native. Et comme tout ce qui venait de nous faisait alors autorité, nos mauvaises doctrines avaient, par le crédit de notre langue, envahi l'Europe. Loin que les gouvernements étrangers tentassent de fermer leurs pays à la contagion, les plus absolus des souverains, Catherine et Frédéric, furent les plus hospitaliers. Flatter les philosophes était être célébré en retour par ces entrepreneurs de renommée, favoriser l'empire des sens était dissoudre les énergies dangereuses des sujets, la politique et la vie de ces princes leur faisaient importune l'idée d'un juge à qui rien ne demeure caché et que rien ne fléchit, être délivrés de lui supprimait la grande borne de leur pouvoir. La solidité de leur autocratie rassurait, à son tour, leurs sujets sur les conséquences de cette nouveauté française, et l'élite de leur noblesse s'amusa aux doctrines encyclopédistes comme aux jeux innocents de l'esprit. Le plus signalé service à rendre aux enfants de bonne maison fut de leur découvrir un maître philosophe, de poursuivre leur éducation en Occident et de la parfaire à Paris, où les jeunes gens suivraient les dernières modes de l'intelligence. Veut-on saisir, sur le fait, ce mélange des élégances aristocratiques et des doctrines révolutionnaires : qu'on lise l'ouvrage publié récemment, par le grand-duc Nicolas Mikhaïlovitch, sur le comte Paul Stroganov [1]. Le

---

1. *Le comte Paul Stroganov*, par le grand duc Nicolas Mikhaïlovitch de Russie. 3 vol. in-8°, Paris, Imprimerie Nationale, 1905.

père de celui-ci, un grand seigneur, ami de l'impératrice Catherine, cherche au fond de l'Auvergne, pour précepteur, Romme, le futur montagnard, le futur supplicié de Prairial, un mathématicien qui mettait la politique au nombre des sciences exactes, et adorait, pour être suprême, l'humanité. Romme entreprend l'éducation du jeune Paul en Russie et l'achève à Paris quand la révolution commence. Dans la ville où tous les étrangers de distinction se trouvent chez eux, Stroganov et son maître ont été précédés par Piatolli et Lubomirki, son élève. Ce dernier a été rejoint par son cousin, le prince Adam Czartoryski, et, dans ses Mémoires, le prince Adam parle de ce qu'il dut à la sagesse de Piattoli. Romme, plus philosophe encore, ne veut pour Stroganov que des relations pures : c'est pourquoi il le conduit chez Théroigne de Méricourt et l'affilie à la société des jacobins. Quand le vieux Stroganov trouve, enfin, que c'est trop de principes, il choisit, pour ramener en Russie le jeune Paul, un parent sage, Novossilltzov, qui, à Londres, étudie les institutions et adopte les libertés anglaises. Koutchoubey qui, avec Stroganov, Novossilltzov et Czartoryski, jouera bientôt un rôle dans la politique russe, s'est acclimaté, non loin d'eux, en Suisse, aux idées républicaines. Eux-mêmes les petits-fils de Catherine, Alexandre, héritier du trône, et son frère Constantin ont pour maître le Suisse et républicain Laharpe, qui croit tenir de son compatriote, Jean-Jacques, la minute préhistorique du *Contrat social*. Quand des hommes d'expérience et des souverains choisissaient ainsi les maîtres de leurs enfants, faut-il s'étonner si l'exemple imposait à une femme superficielle, et persuadée qu'avec de bonnes manières on ne saurait avoir de mauvaises doctrines?

En s'assurant les deux éducateurs dont elle avait ouï dire le plus de bien, la duchesse croyait avoir réparé le temps perdu. Elle n'avait pas prévu l'inévitable, leur discorde. Piattoli et mademoiselle Hoffmann, dit leur élève, « avaient commencé par s'aimer trop », mais firent vite pénitence, en se détestant. Il suffisait qu'ils tinssent chacun à son système d'enseigner pour avoir des prétextes à mésintelligences. Elles devinrent passionnées quand tous deux devinrent jaloux de leur élève, et que, pour se disputer la première place dans son cœur et dans son esprit, tout leur fut arme. Départager ces compétences furieuses appartenait à l'impartial arbitrage de la mère. Mais elle manquait d'aptitude et de loisir. C'est l'enfant qui, seule, allait choisir entre les avis contraires, gouverner son éducation et, par suite, ses maîtres. « Je ne prenais de tous deux que ce qui, à mon propre jugement, me paraissait raisonnable, et ce qui, surtout, se trouvait de mon goût. » Non qu'elle fût indocile. Elle accepta les épreuves par lesquelles on impose à toutes les jeunes filles tous les beaux-arts; elle dansait bien, dessinait mieux, brodait à miracle et ne se fit prier que pour la musique : elle aimait à l'entendre, mais jouée par les autres. Elle avait peu de goût pour les exercices du corps et ne consentait à la promenade « qu'à la condition de grimper aux arbres ». Elle se trouvait trop grande pour jouer avec les enfants de son âge. Elle n'avait d'attraits que pour la pensée : histoire, littérature, philosophie, elle était disposée à apprendre plus qu'on ne songeait à lui enseigner. Sa curiosité universelle se faisait promener dans l'inconnu par son institutrice et par son gouverneur. Cette ardeur d'apprendre, la maturité précoce de cette raison confirmaient la foi de Piattoli dans les ressources de la nature humaine et la force spontanée du vrai. Il se fût reproché de tenir à l'attache un esprit explorateur et capable de trouver lui-même sa voie. La surabondance même des recherches et des acquisitions était la plus utile discipline pour cette intelligence infatigable : amasser lui donnerait de quoi choisir.

« Il avait une bibliothèque de bons et de mauvais livres, comme est ordinairement celle d'un homme. Excepté trois ou quatre ouvrages signalés et interdits, l'abbé me livra les autres. Grimpée et blottie sur la marche la plus élevée de l'échelle, je passais mes récréations à parcourir toutes sortes de fatras et de bonnes choses. Mademoiselle Hoffmann arrivait et me grondait. Du haut de l'échelle, je la laissais dire et lorsque je la voyais faire mine de m'atteindre, je m'élançais sur le corps de bibliothèque que j'escaladais très lestement au risque de me casser le cou. Je vois d'ici les bustes d'Homère et de Socrate entre lesquels je prenais place et d'où je négociais pour descendre : ce qui n'arrivait qu'après avoir obtenu la permission de continuer la lecture qui m'intéressait. »

Cette méthode hasardeuse eût développé chez la plupart le goût des ouvrages frivoles, elle fortifia dans Dorothée l'attrait vers les sciences les plus abstraites et les plus précises, « l'algèbre et les mathématiques que, dit-elle, je préférais à tout ». Elle poussa ces sciences jusqu'aux calculs astronomiques. A treize ans, elle passait « avec un bonheur et un amour-propre singuliers de fréquentes soirées à l'observatoire de Berlin », derrière les grandes lunettes qui n'avaient jamais servi à de si jeunes yeux.

Cette vocation à chercher toujours plus loin préparait son intelligence à d'autres recherches plus essentielles. Par delà les immensités du firmament s'étendent les abîmes obscurs de la destinée; une intelligence comme la sienne devait être attirée vers les mystères que la conscience pressent et que la foi révèle. La preuve de sa vocation pour ces problèmes est que, plus tard, elle fit d'eux son étude et son remède. Mais, à l'âge où l'esprit ne voyage pas encore seul, elle ne trouva pas de guides vers ces régions. « Mon éducation religieuse était nulle, je ne faisais point de prières, car je n'en savais pas. » Elle n'avait été « qu'une fois » au temple, un jour que le prédicateur était fort mauvais. Elle s'y était endormie. Jugeant qu'à son âge les moyens factices de provoquer le sommeil étaient superflus, elle déclara qu'elle ne retournerait plus à l'église, et dire *Amen* fut tout l'effort religieux de Piattoli et de mademoiselle Hoffmann.

Donc, ni l'enfant ni ses maîtres ne croient à une loi divine du devoir. Dès lors, quelle incertitude sur ce devoir que les maîtres affirment seulement au nom de leur raison, que l'enfant peut contester au nom de la sienne! Où sont les prises sur la conscience à former? Sans doute leur affection pour leur élève et l'appel à son cœur leur donnent crédit sur elle, car son cœur est bon. Toutefois, si elle obéit souvent pour leur plaire, il lui arrive de se plaire à elle-même en désobéissant. Alors, leur unique ressource est de lui rappeler qu'elle doit à sa famille, à sa nais-

sance, à son rang, à ses dons naturels, d'être par
le savoir, par la générosité, par la douceur, par
la patience, au-dessus des autres. Mademoiselle
Hoffmann ne lui offre de ces prières que l'encens,
Piattoli mêle, sous les formes les plus ingénieuses
et enveloppées, les conseils aux éloges. Nous
connaissons sa méthode par des lettres qu'il écrivait à son élève, quand des voyages l'éloignaient
d'elle : on ne peut donner au nom d'une sagesse
toute mondaine, de meilleures raisons à une
grande dame pour ne jamais déchoir du piédestal
où la société la place. Mais cette éducation n'agit
que par une seule force : l'orgueil, et, en lui faisant appel sans cesse, elle le développe sans
mesure. L'orgueil, certes, n'est pas un faible
auxiliaire pour soutenir dans le caractère certaines vertus ostentatrices et certains respects de
soi; mais il est un gardien bien envahisseur et
gâte vite les vertus qu'il inspire. Il ne défend pas
contre les faiblesses les plus coupables, si elles
ne sont pas tenues pour avilissantes par le code
arbitraire de l'honneur. Surtout il ne donne pas
à l'âme où il commande la force de s'élever au-
dessus de lui, de lutter contre lui, de pratiquer

les vertus humbles, d'aimer les devoirs méprisés. Rien n'enseignait à cette jeune âme le secret de s'oublier ou de se sacrifier; rien ne lui révélait les consolations intérieures qui rendent supportables les peines et précieux les actes où l'on n'est ni vu, ni plaint, ni admiré; rien ne lui préparait du courage pour le jour où les avantages présentés à sa jeunesse comme l'essentiel de la vie seraient emportés par l'âge ou les disgrâces.

Dans cette éducation, le superflu a donc pris la place du nécessaire. Les lacunes sont attestées par les *Souvenirs* même. Ils notent sans embarras les faiblesses de cœur et de chair que surprit autour d'elle le regard trop hâtif de l'enfant : elles ne sont pas de celles que la loi mondaine réprouve. Ils avouent avec plus d'émotion le désordre dont elle avait dès lors conscience dans sa propre vie et qu' « un orgueil excessif, une indépendance constatée, des liens de parenté affaiblis, des idées religieuses sans force » furent le mal de sa jeunesse. Ils peignent mieux encore le vice de cette éducation dans les pages où elle veut, « après avoir parlé sincèrement de défauts, citer les qualités qui les atténuaient ». Et dans les excuses qu'elle cherche à son orgueil, que d'orgueil encore! « Je n'ai de ma vie élevé des prétentions, dit-elle, que lorsque j'ai pu supposer à la malveillance l'intention de les contester »; mais c'est précisément si elles sont contestées, qu'il y a modestie à ne pas les soutenir, et les plus altiers n'ont plus sujet de les affirmer quand elles sont reconnues. « J'admettais peu de supériorités, mais je n'étais pas assez sotte pour n'en reconnaître aucune, celles que donnent de grandes vertus, des talents remarquables, la vieillesse a toujours trouvé en moi l'estime et le respect »; n'accorder préséance qu'à la longévité, au génie et à la sainteté, n'est pas répandre ses égards en prodigue. « Je n'ai jamais manqué à la politesse » : c'est dire qu'elle sait l'importance de ses moindres attitudes. Son désir de plaire « n'était jamais assez général pour qu'il pût cesser d'être flatteur »; mais cette politesse a « de mauvais moments », et alors sa science des gradations marque les distances plus qu'elle n'établit les rapports. « Donner le bonheur est une manière d'exercer la puissance qui a toujours eu un grand charme pour moi. Aussi dans tous les temps j'ai été la meilleure possible pour mes gens et utile autant qu'il dépendait de moi à ceux qui me montraient de la confiance et me demandaient un service ou une protection »; mais son bonheur à donner ces bonheurs est un plaisir d'autorité. Elle accomplit sa charge de protection envers ceux qui la sollicitent, elle ne se sent pas débitrice de bienveillance envers ceux qui lui sont étrangers, ne lui demandent rien, lui demeurent hostiles. Ses rapports avec le genre humain sont de condescendance, personne ne lui a dit que la perfection de la bonté est s'abaisser pour être de niveau avec ses clients, personne que la charité monte parfois de l'humble vers le privilégié.

III

Pour cette petite fille s'instruire était apprendre ce qu'elle voulait, de qui elle voulait, et quand elle voulait. Vivre était agir comme elle voulait.

Le palais de Berlin, où depuis la mort de son père elle est revenue, lui appartient. Ce n'est pas elle qui habite chez sa mère, mais la mère qui habite chez sa fille, et non avec elle. La demeure s'étend assez vaste pour que plusieurs familles y tiennent à l'aise, chacune dans ses appartements. La duchesse occupe une partie de l'édifice, et Dorothée une autre. « Je savais beaucoup trop que la maison m'appartenait, que j'étais servie par mes gens, que mon propre argent payait mes dépenses, et qu'enfin mon établissement était complètement séparé du sien. J'allais le matin lui baiser la main, de temps en temps elle venait dîner chez moi. C'est à quoi se bornaient nos rapports. »

La duchesse vivait pour ce groupe de quelque cent personnes qui, perdu dans la masse de deux milliards d'êtres humains, croit exister seul et s'appelle le monde. A Berlin, elle avait, par sa richesse, son rang et l'amitié de la famille royale, toutes facilités pour se choisir une petite cour dans la grande. Mais un irrespirable ennui émanait de cette noblesse toute gourmée de préséances : cette société vivait trop en gradins pour laisser place au plain-pied d'une compagnie. Frédéric II s'était délassé de l'apparat cérémonieux par les parties fines où il s'encanaillait d'esprit avec quelques familiers, instruits et gais sans être nés. L'air léger et joyeux qui soufflait de France, quelques-uns, en Allemagne, l'avaient respiré, mais demeuraient épars : la cour, la bourgeoisie, les lettrés vivaient, chacun à son étage, dans Berlin terne, hiérarchique, superposé. Deux ou trois salons de riches Juives étaient les seuls où l'on tentât de réunir cette dispersion. Elles n'appartenaient à aucune classe, il leur était moins difficile de nouer des rapports avec toutes, et les gens de diverse origine résistaient moins à se rencontrer chez elles, comme en pays étranger. Ce qu'elles essayaient, la duchesse l'imposa. Il ne lui suffisait pas de s'ennuyer en bonne compagnie. Elle aimait la conversation, il lui fallait l'esprit des autres pour frotter le sien contre, et faire des étincelles. A l'élite des visiteurs étrangers et de la noblesse berlinoise, tout naturellement groupés dans son salon, elle mêla des savants, des littérateurs, des artistes. C'était pour elle une élégance originale et une couronne de plus que devenir égalitaire au profit de l'intelligence; écrivains, poètes, musiciens, lui surent gré de leur ouvrir une aristocratie jusque-là fermée; les nobles consentirent, parce qu'elle

était princesse, à frayer chez elle avec des rotu-
riers. Elle fut donc, selon son désir, l'attrait et
l'arbitre d'une société qui ne ressemblait à aucune
autre, éclipsait toutes les autres, faisait une petite
révolution, et dans Berlin rappelait Paris par les
élégances des mœurs anciennes et les amusements des idées nouvelles.

Rien de tel, pour soutenir la conversation,
que de renverser et de reconstruire la société.
La duchesse avait aimé d'abord la philosophie
du xviii° siècle pour l'agrément que le doute et le
rire ajoutaient aux entretiens, et savait gré à la
France de lui avoir fait ces joies. Lorsque les
rêves humanitaires finirent en tragédies sanglantes, la majesté d'un peuple debout pour
défendre son sol, puis la plénitude de sa victoire
débordée sur l'Europe cachaient à la spectatrice
lointaine les tyrannies par les conquêtes, elle ne
voyait les crimes qu'à travers les gloires. Et
quand, aux limites du passé et de l'avenir, s'éleva,
maître de la paix et de la guerre, arbitre de l'Europe comme de la France, l'homme incomparable
qui semblait préparé de longtemps par les siècles
et prêt à fonder pour des siècles une société où

se réconcilieraient les âges, la duchesse s'éleva elle-même de la philosophie à l'enthousiasme et, dans ce salon cosmopolite, régna l'influence française.

Dorothée ne paraissait guère dans ces réunions. La précocité de son intelligence lui eût rendu intéressants quelques-uns parmi les causeurs, mais ils ne songeaient pas à partager leurs attentions, toutes à la mère. Elle n'est là qu'une petite fille : elle n'a qu'une porte à franchir et rentre chez elle grande dame. Elle y trouve presque chaque jour un mot de sa marraine qui l'appelle au palais Radziwill, là elle ne partage avec personne l'attention, les caresses, les gâteries, et connaît la douceur d'un foyer familial. Souvent invitée au palais royal, elle s'associe aux jeux du prince héritier : elle est son aînée d'un an et goûte l'autorité de l'âge. Mais c'est surtout chez elle que tout se meut autour d'elle et pour elle. Là mademoiselle Hoffmann, en cela seulement vestale, entretient le feu sacré d'une admiration toujours égale, et enveloppe son élève de l'attachement un peu subalterne qui, dans la communauté des existences, consacre la hiérarchie des rangs. Elle

exalte en son élève le besoin des éloges; accepter
les flatteries de ceux à qui serait dénié le droit
de critique est l'illogisme des grands hommes,
comment n'eût-il pas été celui d'une petite fille?
Seule la duchesse aurait pu remettre tout en
équilibre par la mesure dans les éloges et l'autorité dans les reproches. Faute qu'elle revendique
la place, elle la laisse à l'institutrice, qui préfère
ne pas s'amoindrir en partageant avec la mère,
et, dans l'existence à part où elle retient son
élève, insinue ses propres relations. Ce n'étaient
pas des amitiés ancillaires : mademoiselle Hoffmann cherchait et méritait la familiarité d'esprits
cultivés. Elle les avait rencontrés dans la bourgeoisie de Berlin « pleine de savoir et de talent »,
dit Dorothée, qui ajoute : « ce n'était pas une
société où par mon rang je fusse naturellement
placée. » Ces visiteurs entrés par la petite porte
ne pénétraient pas en égaux. Parmi eux l'enfant
était « toujours et à une grande distance la première ». Il fallait qu'elle eût beaucoup de sens
pour ne pas le perdre avec des gens qui, de sa
cuisine à ses fantaisies, trouvaient tout parfait :
et ses fantaisies ne valaient toujours pas sa cui-

sine. Ainsi elle avait à l'année sa loge au théâtre, où deux acteurs régnaient alors, madame Unzelmann et Iffland qui parut à madame de Staël n'avoir pas d'égal en France. Dorothée jugea qu'ils l'intéresseraient même hors de leurs rôles. Mademoiselle Hoffmann n'avait rien à refuser à son élève et, d'après les *Souvenirs*, « Iffland n'avait rien à refuser à mademoiselle Hoffmann ». Les deux acteurs deviennent donc familiers chez la petite princesse ; elle délibère avec eux sur les costumes, les programmes, ils lui récitent et lui font déclamer des vers. Par la parfaite convenance de leur attitude ils eussent été à leur place partout, « excepté chez une jeune personne » : Dorothée l'écrit à vingt-neuf ans, mais personne ne lui avait dit au moment utile. Elle les adopte et les impose, familiarités imprudentes qui lui en préparent une illustre. Ces deux interprètes de Schiller avaient communiqué à Dorothée leur enthousiasme pour le poëte. Celui-ci voulut voir sa jeune admiratrice, et, depuis, « Schiller ne s'arrêta pas à Berlin sans qu'il me fît l'honneur de venir chez moi ». D'autres écrivains eurent envie de se plaire où il se plaisait. Jean de Müller,

Humboldt que Dorothée avait rencontrés chez sa mère, Ancillon, qu'elle avait conquis au palais royal, l'astronome Bode qui, pour elle, laissait un instant ses étoiles accoutumées, vinrent en habitués chez une fillette. Et elle se rend cette justice : « Je n'ai jamais mieux fait les honneurs chez moi que lorsque j'avais treize ans. »

C'était un salon comme celui de la duchesse, avec un caractère non moins original et tout opposé. Car le sentiment qui remplissait le cœur de la jeune fille était le culte de l'Allemagne où elle était née, dont les souverains l'aimaient, dont les hommes illustres la recherchaient, dont les chefs-d'œuvre l'avaient émue, dont les vertus simples la charmaient, dont elle parlait avec perfection la langue. Elle avait voulu se rapprocher de ceux qui pensaient comme elle. Cette visible préférence leur apportait le plus délicat des hommages, puisque la jeune Courlandaise se faisait leur par son choix, et était pour sa patrie adoptive une espérance et un rayon de printemps. Ainsi le salon dont elle était la petite reine groupait, en face de l'humanisme cosmopolite et de l'influence française qui triomphaient chez sa mère, les partisans les plus fidèles de la culture et de la puissance allemandes.

C'était l'éclatante défaite de Piattoli par mademoiselle Hoffmann. Ni les relations un peu inférieures, ni les familiarités avec les acteurs, ni la préférence exclusive pour l'Allemagne n'auraient été approuvées de ce délicat, si attentif aux formes, et si ami de la France. Comment le gouverneur s'était-il laissé battre? Parce qu'il était absent. Et c'est la richesse qui avait fait à Dorothée ce nouveau dommage. En 1804, la Russie devait encore les indemnités promises pour la cession de la Courlande, les obtenir était difficile. Pour l'emporter sur l'inertie du pouvoir, qui dans tous les pays se plaît aux paiements retardés, et en Russie avait pour loi la volonté du monarque, il fallait, auprès du prince, des protections. A ce moment le ministre des affaires étrangères à Saint-Pétersbourg était le prince Adam Czartoryski. L'abbé l'avait beaucoup connu, la duchesse pensa à Piattoli comme négociateur. Sans doute, c'était interrompre, au moment où ils prenaient le plus d'importance, ses soins auprès de Dorothée qui atteignait onze ans. Mais, entre l'éducation d'une fille, fût-elle Dorothée, et le recouvrement d'une créance nécessaire à la splendeur familiale, pouvait-on hésiter? Le bon Piattoli avait donc quitté, les larmes aux yeux, son élève et pris la route de Pétersbourg.

IV

On connaît l'étonnante amitié qui lia quelque temps le prince Czartoryski à Alexandre. Après le partage de la Pologne, Czartoryski, descendant des Jagellons, riche, jeune, populaire, pouvait devenir le chef d'une révolte nationale : il avait été appelé à Pétersbourg, nommé aide de camp du grand-duc héritier, et ainsi, sous apparence d'honneur, gardé à vue. Il supportait depuis quelque temps son sort de vaincu, sans se plaindre ni oublier, lorsque Alexandre s'ouvrant au compagnon dont il désirait faire un ami, s'était dit désireux de rendre l'indépendance à la Pologne et de supprimer le pouvoir absolu en Russie. Ces confidences, qui annonçaient la générosité du futur maître et réveillaient l'espoir le plus cher du patriote, avaient acquis à Alexandre tout le dévouement de Czartoryski. Elles n'étaient pas pour surprendre chez l'élève de Laharpe, elles ne furent pas oubliées quand Alexandre devint empereur. Aussitôt Czartoryski, Paul Stroganov, Novossilltzov et Kotchoubey, élevés à l'occidentale comme lui, formèrent son conseil secret. Ce pouvoir occulte dura deux ans et demi, et, pendant la première année, délibéra quarante-six fois sous la présidence de l'empereur. Tandis que les ministres en titre continuaient les pratiques de l'autocratie ancienne, lui étudiait les moyens de la détruire : il faut lire dans l'ouvrage du grand-duc Nicolas les procès-verbaux et les rapports du conciliabule où l'empereur conspirait contre sa propre autorité. Au bout d'un an, la nouveauté du plaisir était passée, les embarras des réformes avaient apparu, et Alexandre se détachait de la liberté politique. Non qu'en la promettant il eût été de mauvaise foi. Il avait une imagination vive que séduisaient les nobles entreprises, et un caractère indolent que les difficultés lassaient : il obéissait tour à tour à ces instincts contraires en abandonnant les projets dont, après l'examen, il désespérait, pour s'attacher avec une ardeur neuve à d'autres desseins dont, au premier regard, il voyait seulement la beauté. Il était moins double que successif. Quand il abandonna le rêve de la liberté politique, il resta attaché aux compagnons de son premier espoir, en renonçant à se servir de leurs idées voulut se servir d'eux, et plaça Czartoryski aux affaires étrangères. Celui-ci espérait que, pour la Pologne du moins, l'empereur restait constant. A ses yeux, l'intérêt essentiel de la Pologne était qu'il ne se fît aucun accord entre la France et la Russie. Leur entente empêcherait, en effet, la France, le pays le plus intéressé à la renaissance de la Pologne, de réclamer à la Russie l'acte réparateur ; la Pologne ne pourrait donc plus compter que sur la justice spontanée de ses spoliateurs, et ceux-là sont rares que leur conscience réveille dans le silence. La guerre entre la Russie et la France était la grande chance de la Pologne. La France devrait s'en faire la libératrice, dès l'ouverture des hostilités, afin de tourner contre la Russie l'effort du peuple opprimé ; à la paix, afin de s'assurer par la résurrection de ce peuple un allié perpétuel contre les agrandissements moscovites ; et la certitude de ces périls presserait la Russie bien conseillée de prendre les devants, de délivrer elle-même la Pologne, pour la neutraliser. C'est afin d'introduire dans la politique russe ces règles fondamentales que Czartoryski avait accepté les affaires étrangères. D'ailleurs il était convenu qu'il ne recevrait ni traitement, ni décorations, et que s'il ne pouvait servir utilement sa patrie, il quitterait le ministère. Si ceux qui connaissent les hommes d'État déclarent ce désintéressement invraisemblable, je répondrai que cela se passait il y a plus d'un siècle et dans un pays encore peu civilisé.

Quand Piattoli arriva à Saint-Pétersbourg, le ministre reçut avec les plus affectueux égards cet ami de la Pologne, qui avait souffert pour elle; il l'établit dans sa propre maison. Les négociations retinrent l'envoyé deux années; en aucun pays ce n'est beaucoup pour obtenir justice. Comment à son hôte, l'abbé n'eût-il pas parlé de celles pour qui il était venu, et dont l'absence faisait sa peine, sa duchesse et son incomparable élève? Comment ses lettres auraient-elles tari sur le prince, sa bonté, son dévouement, l'importance de sa tâche, la grandeur probable de sa destinée? Quoi d'étonnant si dans sa tête et dans son cœur, s'échauffe le projet d'unir la jeune fille qu'il aime davantage à l'homme qu'il admire le plus? Il a un portrait de la jeune élève, il l'a prêté au prince, qui ne le rendit jamais. Il fait copier une miniature du prince et l'envoie à Dorothée. Le prince a trente-quatre ans, vingt-trois de plus que la fillette et pourrait être son père; mais le portrait de Dorothée est si joli, et plus encore la vision de l'être toujours charmant et toujours nouveau que lui présente l'enthousiasme de l'abbé! Pour elle, elle est encore à cette adolescence où les disproportions d'âge n'occupent pas. Il s'agit bien d'années, quand elle pense à cette victime assez noble pour inspirer attachement au chef de la race spoliatrice, à cette volonté assez loyale pour ne trahir aucun de ses devoirs contraires, à ce paladin qui prépare la gloire de son maître par la délivrance de sa patrie. Le prince lui apparaît comme un héros et les héros sont toujours jeunes. C'est une belle effigie du devoir qu'elle admire en regardant la miniature; c'est à une existence vouée au salut d'un peuple qu'elle voudrait unir la sienne ; c'est le grand homme qu'elle aime, car elle aime. Ainsi commence et grandit entre deux êtres qui ne se sont jamais vus, le plus délicat, le plus pur, le plus exquis des sentiments.

Tandis que ce rêve les charme, l'œuvre de fer et de sang s'accomplit en Europe. Czartoryski avait poussé à la guerre entre la Russie et la France et venait d'adhérer à la troisième coalition. La campagne de 1805, soutenue par l'Autriche et la Russie, mène en Allemagne Alexandre et son ministre jusqu'à Austerlitz. Même après cette bataille qui décide l'Autriche à la paix et décourage la Prusse de se mêler à la guerre, la Russie demeure aussi intraitable que l'Angleterre, et apprête un nouvel effort en 1806. Il laisse peu de temps pour résoudre les autres affaires. Si celles de la duchesse ne sont pas brusquées, il n'y a guère de chance qu'elles arrivent à terme et, pour obtenir vite d'Alexandre, la grâce d'une femme vaut mieux que les raisons d'un homme. Piattoli indique à la duchesse un moment où elle est sûre de voir l'empereur, et la prie de venir à Pétersbourg. Elle y arrive à la fin de juin 1806.

« L'empereur la trouva, ce qu'elle était en effet, belle, aimable, et grande dame autant que personne au monde. » Donc la cause était bonne, elle fut gagnée en deux mois. Quand la duchesse repartit « enchantée de l'amitié qu'Alexandre lui avait témoignée », elle comptait s'arrêter six semaines en Courlande et regagner Berlin dès octobre. Mais durant ces six semaines, la Prusse, poussée par la Russie, avait déclaré la guerre à la France; en octobre l'armée de Frédéric était détruite et Berlin occupé par nos troupes. Avant qu'elles y pénètrent, Dorothée et sa gouvernante rejoignent la duchesse hors d'atteinte des Français. Les *Souvenirs* racontent cette épidémie de la peur qui atteint alors les personnes les moins exposées; les foules fugitives, sans bagages, sans ressources, entassées sur des charrettes, suppliant aux relais pour obtenir des chevaux; la course à la frontière où il n'y a pas d'ennemis, jalonnée par les passages de la reine, du roi, du prince royal, que le désastre sépare et emporte, membres épars de la monarchie vaincue. Dorothée, à une halte dans un village près de Starzard, apprend l'entrée de Napoléon à Berlin. Dans l'auberge, contre un mur, elle avise « une mauvaise gravure représentant Bonaparte Premier Consul. L'arracher de son cadre, lui couper en effigie le nez et les oreilles, fut l'affaire d'un instant ». Tel fut, après Iéna, le seul acte de vigueur que puisse enregistrer l'histoire du vaincu.

L'héroïne rejoignit sa mère en Courlande, et avec toute apparence d'y rester plus qu'elle ne désirait. Les Russes, arrivant au secours de leurs alliés, manœuvraient dans l'est de la Prusse pour refouler l'invasion française, et la route de Berlin passait par le pays où déjà grondait le canon de Pultusk, où allait bientôt retentir celui d'Eylau, d'Heilsberg et de Friedland. La jeune fille s'installa avec sa mère à Mittau.

Là, elle put contempler une autre détresse, plus ancienne et plus grande que celle des Hohenzollern. Louis XVIII et sa cour habitaient le château où la duchesse de Courlande avait régné. Construit dans le style de Versailles, entouré de jardins magnifiques, mais atteint par deux incendies, le vaste édifice était maintenant déchu comme ses hôtes. Ils n'en habitaient pas la totalité. Une caserne et un hôpital militaire se partageaient la masse de l'édifice : une aile moins délabrée avait été mise à là disposition de Louis XVIII. La cour d'honneur était divisée en deux, une partie réservée au prétendant, une partie aux soldats malades, et dans l'hôpital se succédaient par convois, depuis la guerre, les Français blessés et prisonniers, évacués sans ordre ni secours. Quel spectacle : une ruine de palais offerte à la ruine d'une race, une ombre de Versailles hantée par des ombres de Bourbons, et ces fantômes royaux, pour qui vivent seulement les choses mortes, rejoints au fond de l'Europe par la réalité, envahis dans leur émigration par la France nouvelle, exposés jusque sur l'asile étranger où la légitimité abrite ses derniers espoirs au démenti de Français qui combattent, souffrent et meurent pour un autre maître et sous un autre drapeau. Dorothée vit surtout, avec la curiosité attentive et souvent cruelle de l'enfance, toutes les laideurs qu'il y a dans la disgrâce. Elle n'est pas tendre pour ce petit monde, jaloux, fier et gueux, en quête de maigres faveurs et « d'un bon dîner ». Elle respecte seulement l'ar-chevêque de Reims, « le seul des serviteurs du

roi qui conservât de la dignité dans le malheur »,
et l'abbé Edgeworth qui allait mourir victime de
sa charité pour nos prisonniers. Elle a pour la
reine une répulsion physique :

« Je n'ai jamais vu une femme plus laide ni
plus sale. Ses cheveux gris, coupés en hérisson,
étaient couverts d'un mauvais chapeau de paille
tout déchiré. Son visage était long, maigre et
jaune. Sa taille petite et grosse soutenait, je ne
sais comment, un jupon sale, sur lequel flottait
un petit mantelet de taffetas noir tout en loques.
Elle me fit peur la première fois que je la vis. »
Chez le duc d'Angoulême, tout en dévotions et
en chasses, elle trouve l'insignifiance. Seuls la
duchesse d'Angoulême et le roi l'intéressent.
Madame Royale secourt nos prisonniers français,
il est interdit de parler devant elle de nos
revers, et Dorothée admire « la fille de Louis XVI
proscrite, le cœur déchiré par d'affreux souvenirs, cédant à la pitié envers des Français...
Que l'auréole du malheur lui seyait bien! J'avais
souvent l'honneur de la voir, d'abord, chez ma
mère où elle ne venait jamais sans me demander,
à la promenade où elle me rencontrait quelque-

fois, dans son intérieur où elle m'admettait avec bonté, mais plus souvent encore à dîner chez le roi ».

Du roi, elle raconte la bienveillance souriante : « Il me prenait sur ses genoux, m'embrassait, me nommait, à cause de mes yeux noirs, sa petite Italienne, me questionnait sur mes études, me faisait mille grâces. » A Mittau, elle l'a vu assez souvent pour connaître « par combien d'attentions éloignées ce roi sait montrer sa faveur ». En 1822, à Paris, elle a éprouvé jusqu'à quel don d'ignorer les personnes il sait pousser l'indifférence : elle laisse tomber de sa plume une goutte d'amertume, l'amertume de ceux qui se rappellent contre ceux qui oublient. « Jamais le roi ne m'a témoigné le moindre souvenir de ses anciennes bontés, lorsque je passe maintenant comme une ombre deux fois l'année devant son fauteuil. »

A Mittau, sa grande joie fut la présence de Piattoli. Il était revenu lui aussi de Pétersbourg. « J'allais souvent causer dans sa chambre et il bornait ses leçons à diriger le choix de mes lectures et à me faire rendre compte des impressions qui m'en étaient restées. D'ailleurs, que de questions, n'avais-je pas à faire sur le prince Czartoryski? » Tout ce qu'elle apprend lui plaît; même qu'il craigne de n'être pas assez jeune. Elle répond qu'elle a quinze ans et les goûts de l'âge mûr, elle empreint de gravité sa conversation et ses manières, elle « met ses soins à se vieillir », et à cette coquetterie ses jours s'écoulent délicieux.

L'été de 1807 commençait, apportant, outre la joie à une jeune fille, la paix au continent. Alexandre, après Friedland, était las de la lutte contre la France, et préparait le traité de Tilsitt. C'était, par l'amitié des deux empereurs, le concours de la France retiré à la Pologne, le sort de cette nation remis à la générosité russe. la ruine de la politique soutenue par le prince Czartoryski. Déjà il avait quitté le ministère et voulut se rapprocher de Tilsitt, non plus par l'espoir de changer, mais par la hâte de connaître ce qui se préparait. Le désir de voir la jeune princesse de Courlande le poussait aussi vers Mittau. Il y resta trois semaines, logé chez la duchesse.

« Je sentis pour la première fois de l'embarras

et une extrême timidité lorsqu'en entrant, à l'heure du dîner, dans le salon de ma mère, je vis le prince, et qu'à table, ma place se trouva à côté de la sienne. » Il était sombre. Le pressentiment que trois campagnes désastreuses avaient blessé à mort la confiance d'Alexandre dans le conseiller de la guerre, et que perdre l'amitié de l'empereur était devenir inutile à la Pologne, mettait sur un visage toujours un peu triste une ombre dure, et creusait aux plis de la bouche, facilement dédaigneuse, comme des cicatrices de désenchantement. Elle comprit qu'il souffrait, que cette souffrance était noble, elle l'en admira davantage et, pour le comprendre, n'eut pas besoin qu'il parlât. Car l'étrange amoureux ne lui disait rien et se contentait de la regarder. Attiré par ce charme de jeunesse, il se défendait contre lui-même, songeait sans cesse aux deux âges si différents. « Tandis que nous étions silencieusement à nous observer et à nous deviner, le traité de Tilsitt fut rendu public, l'empereur traversa Mittau pour retourner dans la capitale, il s'arrêta chez ma mère, fut charmant pour elle et pour moi et m'aurait complètement enchanté si je ne lui avais trouvé de la froideur pour le prince Adam. » Le prince suivit son maître à Pétersbourg. La veille de son départ, il s'adressa pour la première fois à la jeune fille, et la pria avec insistance de revenir à Berlin par Varsovie.

C'était, comme les sages, dire beaucoup en peu de mots. A Varsovie habitait la mère du prince, pour laquelle il professait un culte. Elle avait une de ces volontés impérieuses qui imposent volontiers aux autres les bonheurs qu'elles ont choisis pour eux. Depuis longtemps elle élevait près d'elle, pour son fils, une jeune parente et portait *in petto* cette bru, un peu comme les papes les cardinaux qu'il est trop tôt pour déclarer. Le prince devinait ce désir, voulait s'y soustraire sans désobéir, et comptait sur la visite et la grâce de Dorothée pour vaincre la mère après le fils. Dorothée fut aussitôt prête au voyage, mais elle ne pouvait l'entreprendre seule, et ce n'était pas peu d'embarras que ce détour dans une région ravagée par la guerre. La duchesse ne s'en soucia point; Piattoli était de nouveau à Pétersbourg, mademoiselle Hoffmann ne se connaissait en routes que sur la carte du pays de Tendre. Dorothée dut, en décembre 1807, rentrer droit à Berlin.

Elle quittait à Mittau des infortunes royales, elle les retrouva à Memel où la famille de Prusse attendait le bon plaisir de Napoléon. Celles-ci lui étaient plus chères. Elle passa un jour dans cette ville auprès de sa marraine, la princesse Louise, « nous pleurâmes ensemble sur son frère et sur les malheurs de la patrie ». Elle pleura aussi avec la reine : dans un long portrait elle juge la femme malheureuse avec le plus respectueux enthousiasme et la femme belle avec l'exacte justice qui, rendue par une jolie femme, est encore de l'affection.

« Le jour où je la vis, hélas! pour la dernière fois à Memel, elle avait une robe très simple de mousseline blanche et portait à son cou un rang de perles. Je les admirais. — Oui, me dit-elle, je me suis permis de les conserver. Les perles, en Allemagne, signifient des larmes, elles peuvent me servir de parure. »

Puis la tristesse de la route se prolonge à travers un pays naguère peuplé et riche, où maintenant règne la dévastation. « Des villages entiers étaient déserts, d'autres réduits en cendres, les petites croix des cimetières semblaient plus pressées ; la disette et une horrible épidémie régnaient dans ces malheureuses contrées ; les hommes, les animaux mouraient avec une rapidité effrayante. » C'est la grande misère au pays de Prusse. Les désastres que la jeune fille contemple lui annoncent ceux qu'elle ignore : elle est en Prusse une grande propriétaire, que reste-t-il de ses domaines? Elle arrive à Berlin : dans son palais, elle est réduite à « une mauvaise chambre au fond d'une seconde cour » ; c'est à grand'peine qu'elle obtient deux pièces pour elle, pour la duchesse deux, et de celles qu'en d'autres temps occupaient les femmes de service. Elle souffre avec une sensibilité exaspérée les calamités générales qui lui apportent des épreuves personnelles, et chacune de ses douleurs accroît son aversion contre les Français auteurs de tous ces maux. Elle se vêt de noir, évite les rapports avec le vainqueur, entr'ouvre sa porte aux plus Allemands de ses anciens familiers, à ceux qui pleurent leur défaite et ne l'acceptent pas. La duchesse arrive quelques semaines après sa fille, et dans des sentiments tout contraires. Ses intérêts, presque tous en Russie, sont en sûreté, l'alliance d'Alexandre avec Napoléon comble les vœux d'une femme attachée à l'un par une tendre reconnaissance, à l'autre par un enthousiasme croissant. Elle fraye avec la société française.

Ainsi passèrent les premiers mois de 1808. Dorothée aurait cette année quinze ans. On s'avisa que l'on avait oublié, parmi tant d'affaires, la première communion. Cette cérémonie, en Allemagne, précède l'entrée d'une jeune fille dans le monde. Mademoiselle Hoffmann était trop attachée aux pratiques de la bonne société pour ne pas mettre son élève en règle avec les usages. La tristesse nationale, qui suspendait les distractions, permit de trouver, sans trop de regrets, les heures préparatoires à la cérémonie. Un pasteur vint, par leçons de deux heures, deux fois par semaine, durant trois mois, apprendre à la jeune fille qu'elle était chrétienne. Ce fut à peu près cinquante heures, l'étendue de deux jours : il n'est pas d'art d'agrément qui n'exige plus d'apprentissage. Même à une fille qui avait appris à lire en une semaine, le pasteur n'avait pas le temps d'exposer la religion. Quelques lectures de l'Ancien et du Nouveau Testament et, sans aucun examen des dogmes par où les Églises diffèrent, un abrégé des doctrines morales « qui auraient pu convenir également à un calviniste, à un catholique et à un grec » remplissent ce peu d'heures. Et ce peu fut assez pour entr'ouvrir à la jeune conscience un infini où se perdaient sa petite existence, les avantages dont elle était fière et les bonheurs qui l'avaient occupée jusque-là. Elle se trouva assez pénétrée par ce premier rayon d'une lumière nouvelle pour que le pasteur changeât quelque chose au rite ordinaire des cérémonies. Dans le culte luthérien, la confirmation précède la communion et est précédée elle-même de certaines formules que l'impétrant récite par cœur. Le pasteur voulut que Dorothée rédigeât elle-même sa profession de foi. « Elle montrait, disent les *Souvenirs*, le désir d'un jeune cœur d'être agréable à Dieu qu'il commençait à connaître. » Le vendredi saint avait été choisi pour la solennité. Selon l'usage de ce jour, tous les assistants étaient en deuil et ils étaient nombreux; les serviteurs, les amis, les curieux formaient une foule devant laquelle la jeune princesse prononça son petit discours. Elle n'était pas encore assez élevée au-dessus de la terre pour ne pas s'apercevoir qu'il fut bien accueilli, ne pas prendre plaisir aux pleurs de l'assistance. Quelque complaisance pour son personnage survit dans ces mots : « Tout Berlin voulait me voir et m'entendre. » Mais quand elle se sentit engagée parmi les fidèles, c'est-à-dire appelée à accepter la vie non comme « une carrière heureuse et brillante », mais comme une lutte pénible et perpétuelle, son impression profonde fut une détresse, une crainte, une angoisse telles que vers la fin de la cérémonie, elle perdit connaissance.

Heureuse l'âme où la loi divine commande dès que l'intelligence s'éveille. Comme à cette âme l'impératif du devoir se révèle en même temps que l'attrait du plaisir, elle commence en équilibre, elle reconnaît comme l'ordre nécessaire cette jouissance imparfaite et fragile de tout, ses renoncements sont aussi vieux que ses espoirs, elle sait que, surtout quand il s'agit de bonheur, nous devons rester sur notre faim. Mais si toutes les faveurs de ce monde comblent une jeune vie sans que la pensée de Dieu les tempère, si elles sont goûtées avec plénitude et avec avidité, comme le seul bien de l'existence, et si dans cette existence où l'habitude de se satisfaire est prise, Dieu apparaît en retard, pour révéler le vide des plaisirs et la loi des renoncements, il semble un maître cruel. La découverte du devoir est, pour l'être avide et charmé du présent, la désillusion la plus décevante. Elle est l'interdit jeté sur tous les bonheurs, le carême qui met fin au bal costumé, et présente le cilice et les cendres. Le premier appel de la vérité religieuse entendu à quinze ans par une jeune fille jusque-là païenne, privilégiée de la vie et tout aux bonheurs humains, devait retentir à son oreille comme un ordre de captivité impitoyable. Il était naturel qu'après en avoir d'un premier regard contemplé la tristesse, elle s'échappât vite dans l'oubli. Et c'est longtemps après, quand tous les bonheurs cueillis se fanèrent entre ses mains, quand toutes ses fleurs de printemps s'effeuillèrent dans son automne, qu'elle devait sentir la douceur consola-

trice des croyances immortelles, et que, la terre
devenant pour elle la prison, elle chercha plus
loin l'espérance.

Le lendemain de cette première communion,
la duchesse annonça son départ. Ses sympathies
françaises s'étaient affirmées à Berlin, de façon à
refroidir son ancien attachement aux souverains
de Prusse et à rendre sa situation fausse à leur
prochain retour. Elle allait donc s'établir dans ses
propriétés de Saxe, à Löbikau, où elle attendrait
Dorothée, où les prétendants viendraient vite, et
d'où, sa fille mariée, elle partirait pour connaître
enfin la terre promise, la France. A l'été de 1808,
en effet, Dorothée rejoint sa mère. Le château de
la duchesse, comme elle l'avait prévu, se remplit
d'épouseurs princiers et, en les nommant, les
Souvenirs prennent un petit air d'almanach Gotha.
La plupart pauvres n'en sont que plus résolus, et
comme leur naissance leur donne droit à l'indis-
crétion, ils s'installent à demeure pour se déclarer,
se surveiller, se desservir et se faire des alliés.
« Le médecin, la demoiselle d'honneur, les amis,
les connaissances, tous étaient employés, chacun

d'eux était dans les intérêts d'un de mes amoureux. » Mais, comme à Berlin, à Löbikau l'existence de la mère et de la fille se rapproche et ne se confond pas. Chacune est chez elle. « J'habitais un joli pavillon quarré, placé au milieu d'un parc charmant, à une demi-lieue du château de ma mère. » Et son plaisir est de « se rendre invisible » aux soupirants. Elle va chez sa mère aux heures où ils ne peuvent forcer la porte; quand sa mère les lui amène au pavillon, elle les accueille « sans se montrer flattée ni touchée », se fait, pour les décourager, volontairement « insensible et dédaigneuse ». Elle s'étonne qu'ils s'obstinent; elle ignore la persévérance qu'il y a dans un soupirant dont le cœur est plein et la bourse vide, et elle les voudrait plus nombreux encore pour que le prince Adam apprît à la fois leur recherche et leur insuccès.

Le prince Adam savait par Piattoli installé à Löbikau. Il écrivit à l'abbé qu'il allait de Varsovie conduire sa mère aux eaux de Bohême, et que de là il viendrait avec elle demander la main de Dorothée. Mais, s'il était constant, sa mère l'était aussi pour sa bru préférée; elle se défia d'une guérison qui la mettrait sur le chemin d'autres fiançailles, et remit à l'année suivante la cure et la demande.

V

S'agit-il de bonheur, le plus sage est de se hâter, le temps emporte plus d'espoirs qu'il n'en amène. Octobre était arrivé, et, dans le parc de Löbikau, faisait tomber les feuilles sur les prétendants plus tenaces qu'elles. Une lettre parvint d'Erfurth à la duchesse. Elle était de l'empereur Alexandre. Il s'annonçait, demandait à dîner pour lui, son aide de camp et l'ambassadeur de France avec qui il rentrait à Pétersbourg. Le 16 octobre 1808, à cinq heures du soir, il arriva à Löbikau. La duchesse, ses filles, ses gendres, les princes soupirants forment une petite cour. « L'empereur fut plein de grâce pour tout le monde et voulut surtout être occupé de moi. Il me dit qu'il me trouvait grandie, embellie et ajouta en plaisantant que j'étais, comme Pénélope, entourée de beaucoup de prétendants. » Elle répondit sur le même ton, en Pénélope sûre d'Ulysse fidèle et vivant, bien qu'il fît un peu trop le mort. Au dîner, le jeu continua, et l'empereur sembla s'y complaire en demandant à la jeune fille si elle n'était pas « frappée d'une ressemblance qu'il prétendait avoir découverte entre le prince Czartoryski et M. de Périgord. — De qui Votre Majesté veut-elle parler?... — Mais de ce jeune homme assis là-bas, un neveu du prince de Bénévent, qui accompagne le duc de Vicence à Pétersbourg ». Elle s'excusa sur sa vue basse. Après le dîner, l'empereur prie la la duchesse de se prêter à un entretien et, dans un tête-à-tête de deux heures, explique ce qui l'amène.

A Erfurth venait de s'achever le congrès fameux où, devant un parterre de rois spectateurs, s'était jouée la comédie de l'amitié entre Napoléon et Alexandre. Alexandre avait mis à profit la faute de Napoléon, la guerre d'Espagne, pour nous faire payer cher le concours de la Russie. Dans les négociations, il avait apprécié Talleyrand. En lui, il avait goûté toutes les séductions de la race, il avait reconnu le sens traditionnel de la vieille France qui jugeait avec le sentiment de la mesure les desseins démesurés du génie. Des jours viendraient peut-être où ce clairvoyant refuserait son concours à une politique trop dangereuse. Alexandre avait compris l'intérêt de se concilier l'homme le plus capable de contenir Napoléon en le servant, de l'affaiblir en le combattant. Il avait témoigné le désir d'être agréable au prince. Talleyrand savait trop les cours pour faire attendre la bonne volonté d'un empereur. Il avait aussitôt exprimé le souhait d'obtenir pour son neveu la jeune princesse de Courlande, et sa certitude de réussir si Alexandre s'intéressait au projet. Alexandre avait promis, il fallait que la duchesse l'aidât à tenir. Alexandre ne sollicitait pas, il exigeait. La princesse était sa sujette, puisque la Courlande était russe. La duchesse avait eu à se louer de lui. Il rappela ce service comme s'il en réclamait le prix, et parla en souverain qui pense en marchand. Il y a une manière noble de dire les choses qui ne le sont pas. La fortune de la duchesse était en Russie, elle crut entendre : « pas de mariage plus de douaire ». Ce mariage, conforme à ses intérêts, répondait à ses goûts. Elle s'ennuyait dans l'Allemagne

vaincue, triste, elle voulait quitter ces ombres
pour le soleil, vivre au pays de la gloire. Et par
un « oui », elle allait parvenir au centre de ces
rayons, devenir une partie de cet éclat qu'elle
espérait seulement contempler. Elle allait s'allier
au second personnage de la France, au descendant d'une illustre race, au collaborateur principal de Napoléon. Elle entre dans le projet impé-
rial, non seulement pour Alexandre mais pour
elle-même. Quand l'empereur prend congé, le
projet de fiançailles existe, provoqué par la fortune d'une jeune héritière, préparé par les com-
plaisances d'un ministre français pour un souverain russe, imposé par un empereur à sa sujette
comme un paiement, accepté par une mère qui
songe à elle-même et oublie sa fille. C'est la coalition de ces insensibilités qui va peser de tout
son poids sur un cœur d'enfant.

La duchesse ne dira rien à sa fille avant d'avoir
rompu les appuis où s'étaie la jeune volonté. Dès
le lendemain elle commence l'œuvre par Piattoli. Elle craint qu'il n'ait conçu un projet chimé-
rique, exposé sa fille « aux caprices d'une famille
arrogante ». Les retards se prolongent « auxquels

Dorothée n'était pas faite pour s'attendre », et maintenant le rêve devient obstacle à une magnifique et immédiate réalité. C'est une confidence plus qu'un grief, mais comme l'abbé ne cède pas, la duchesse lui reproche vivement son ingratitude « après les grands services qu'elle lui avait rendus ». Elle aussi, comme l'empereur, exige son paiement. Le pauvre homme, à qui elle met ses bienfaits sous la gorge, se rend. « Elle obtint de lui la promesse qu'il ne se mêlerait plus de ce mariage, et qu'il chercherait même à m'en détacher en se servant pour y parvenir de la mauvaise grâce de la vieille princesse et de l'indolence de son fils. » Mais s'il se sent trop d'obligations à la mère pour défendre le bonheur de la fille, il a trop d'attachement à celle-ci pour demeurer près d'elle muet à ses paroles et aveugle aux reproches de ses yeux. Tout maintenant l'écarte de celle qui lui était chere, son chagrin mine une santé que les ans ébranlaient déjà, il quitte Löbikau pour une ville située à quelque distance, où il aura des médecins et la solitude.

Privée de lui, Dorothée part aussi pour Berlin, où elle croit goûter le charme d'autrefois : elle n'y trouve que l'inquiétude du silence où vit sa tendresse déconcertée. Les lettres de Piattoli sont « entortillées et énigmatiques », celles de la duchesse témoignent d'une tendresse inaccoutumée et insistent pour obtenir le retour de Dorothée à Löbikau. Satisfaire à ce désir sera pour Dorothée l'occasion de passer par la ville où Piattoli se soigne et se tait.

« Je le trouvai si souffrant, si changé que je n'osais plus aborder la question qui me tenait le plus au cœur. Je lui demandai cependant s'il avait des nouvelles du prince Czartoryski. — Je n'en ai point, me dit-il, ce silence doit vous prouver, ma chère enfant, que ces rêves étaient des chimères. — A Dieu ne plaise, m'écriai-je. — N'en parlons plus, reprit-il avec émotion. Ce sujet de conversation me fait mal... Forcée au silence, je le quittai aussi remplie d'incertitude que lorsque j'étais arrivée près de lui. »

Elle arrive chez sa mère, qui jamais n'avait témoigné tant de joie à la voir et veut la garder sous son toit. Elle y trouve un Polonais, le comte B***, fixé en France, et s'étonne qu'il soit « arrivé tout droit de Paris, au cœur de l'hiver, dans un lieu qui ne devait naturellement lui offrir ni intérêt ni amusement ». Les visages lui annoncent un mystère « connu de tout le monde, excepté de moi. Les caresses mêmes de ma mère m'inquiétaient ». Trois jours se passent.

« Un soir, j'étais seule dans le salon à préparer le thé. j'entendis le petit cor de chasse de nos postillons allemands annoncer l'arrivée d'un étranger. Un valet de chambre entra presque aussitôt et me demanda où était ma mère. — Dans son cabinet. elle veut être seule. — Mais il faudrait cependant l'avertir qu'un officier français, le même qui était avec le duc de Vicence. vient d'arriver. A l'instant, je compris tout, et les grâces de l'empereur et les soins de ma mère et cette prétendue ressemblance avec le prince Czartoryski. »

Elle s'enfuit dans sa chambre où se trouve mademoiselle Hoffmann. « Il est ici! — Qui, le prince Adam? — Hélas! non, ce Français. » Et elle fond en larmes.

Le lendemain matin, la duchesse fait demander sa fille. Elle lui explique tout ce qu'elle avait tenu secret jusque-là, et toutes les raisons pour lesquelles elle souhaite pour gendre M. de Périgord. Le danger donne à la jeune fille le courage. Dans ce projet, où tant de gens ont songé à eux-mêmes, il n'y a qu'elle pour penser à son propre bonheur. Elle le défend, bien que bouleversée par les reproches et la peine de sa mère, ne cède rien, et déclare qu'elle « se considère comme engagée ». Elle court chez mademoiselle Hoffmann, chercher sinon un appui efficace, du moins un assentiment qui lui sera doux. C'est pour apprendre que la gouvernante l'a précédée chez la duchesse, et a dû s'engager sur l'honneur à ne plus donner de conseils.

B*** offre les siens, et en homme pour qui la parole est d'or, car il a eu le premier l'idée de l'affaire où il veut sa part et, écrit Dorothée, « il n'a pas rougi plus tard de se plaindre devant moi de n'avoir pas été largement récompensé ». A Löbikau, il plaide tous les avantages de l'alliance avec Talleyrand. La jeune fille répond que ces arguments seraient faits pour la décider, si elle était libre, mais qu'elle ne l'est pas. Cette fermeté oblige aux grands moyens.

Dans la conversation, Dorothée a montré son attachement à Piattoli. Le Polonais s'offre à l'aller voir et à rapporter des nouvelles. Il part, en effet, le lendemain, s'assure auprès de l'abbé que Piattoli n'a rien reçu du prince Adam, affirme alors que celui-ci, vaincu par sa mère, accepte la femme souhaitée par elle, ajoute que dire la vérité à la jeune Dorothée sera lui épargner une humiliation, et il persuade au malade de rendre ce grand service à l'élève tendrement aimée. Pour annoncer ce qu'il croit certain, Piattoli écrit à la jeune fille une lettre que le comte B*** rapporte.

« Toutes nos espérances sont détruites, me disait-il. J'ai enfin reçu des nouvelles de Pologne, elles ne sont pas du prince Adam, mais d'un ami commun qui m'annonce que le mariage du prince Adam avec mademoiselle Matuschewitz est arrangé, que tout Varsovie en parle et que la vieille princesse est enchantée. Voilà donc, ma jeune amie, l'explication de ce long silence. » La lettre était courte. « Je suis si souffrant, ajoutait-il, que je ne puis en écrire davantage. »

Aussitôt Dorothée demande des chevaux ; elle ne peut pas croire à une inconstance que le prince n'a pas avouée lui-même, elle veut des détails.

« J'arrive, je trouve M. Piattoli presque mourant. Il voulait être seul et j'eus beaucoup de peine à obtenir qu'il me vît un instant. — Soyez heureuse, me dit-il, sans me donner le temps de faire une seule question... Vous avez été le grand intérêt de mes dernières années. Pardonnez-moi d'avoir voulu diriger votre avenir et confiez-le désormais à madame votre mère... Il se tut. Je voulus parler, mais il ne répondit pas et me fit signe de la main de m'éloigner. Il mourut quelques jours après. »

Elle revient le cœur malheureux de la perte qu'elle prévoit et ulcéré des torts qu'elle suppose au prince Czartoryski. Elle est à une de ces crises où le moindre incident décide les résolutions encore suspendues mais déjà amassées. Un dernier mensonge achève l'œuvre. A son retour, elle trouve chez sa mère une vieille dame polonaise, amie de la duchesse, et qui raconte comme la dernière nouvelle de Varsovie, comme chose conclue, les fiançailles du prince Czartoryski.

« Convaincue, indignée, je me lève, prie ma mère de passer dans la chambre à côté, et lui dis dans un premier mouvement d'amertume que, puisque le prince Adam rompait lui-même ses engagements, je me considérais comme libre des miens... Je parlais vite, avec des larmes dans les yeux et dans la voix, mais ma mère eut l'air de ne s'apercevoir de rien, m'embrassa avec transport, m'applaudit, loua ma fierté, excita encore mon ressentiment, me remercia de prendre un parti qui allait combler tous ses vœux, et sans perdre une minute me dit qu'elle allait annoncer cette bonne nouvelle à M. de Périgord. J'aurais voulu l'arrêter, mais elle était déjà rentrée dans le salon et je courus alors m'enfermer dans ma chambre d'où je ne voulus pas redescendre de la soirée et je passai la nuit à pleurer. »

Le lendemain, la duchesse met la main de sa fille dans celle de M. de Périgord et laisse seuls les fiancés, « qui ont beaucoup de choses à se dire ». Voici leurs premiers épanchements :

« Assis en face l'un de l'autre, nous fûmes longtemps dans le plus profond silence. Je le rompis en disant : — J'espère, monsieur, que vous serez heureux dans le mariage que l'on a arrangé pour nous. Mais je dois vous dire, moi-même, ce que vous savez, sans doute déjà, c'est que je cède au désir de ma mère, sans répugnance à la vérité, mais avec la plus parfaite indifférence pour vous. Peut-être serai-je heureuse, je veux le croire, mais vous trouverez, je pense, mes regrets de quitter ma patrie et mes amis tout simples et ne m'en voudrez pas de la tristesse que vous pourrez, dans les premiers temps du moins, remarquer en moi. — Mon Dieu, me répondit M. Edmond, cela me paraît tout naturel. D'ailleurs, moi aussi, je ne me marie que parce que mon oncle le veut, car, à mon âge, on aime bien mieux la vie de garçon. »

Il repartit le lendemain « sans que nous nous fussions reparlés », dit la narratrice : elle n'était décidément pas destinée aux amoureux bavards.

Quelques jours après, le prince Adam écrivait à Piattoli. Le prince annonçait qu'il avait vaincu les résistances maternelles et qu'il allait demander Dorothée de Courlande. Piattoli vivant, tout eût été sauvé, M. de Périgord rendu au célibat qu'il aimait, et Dorothée à l'homme qu'elle avait choisi. La lettre arriva après la mort de Piattoli, fut remise à la duchesse, qui la retourna à Varsovie, sans avertir sa fille, et en annonçant au prince le mariage de Dorothée avec M. de Périgord.

Une fois encore, la jeune fille était la victime de la richesse. Une certaine médiocrité de condition nous laisse à peu près maîtres d'ordonner à notre gré notre vie, car les autres ont trop peu de profit à tirer de nous pour se mêler à nos affaires. Quand les faveurs de la fortune dépassent trop l'ordinaire mesure, ceux à qui elles appartiennent cessent de s'appartenir : plus elles sont enviables, plus ils sont épiés, entourés, poursuivis par les cupidités en chasse; il y a trop à gagner avec eux et sur eux pour qu'ils restent les maîtres de leur sort. Dorothée de Courlande subit cette représaille des avantages qui ne comblent pas sans asservir. Plus pauvre, elle n'eût pas été moins précieuse à l'homme désintéressé qui songeait à elle; il se fût peut-être résolu plus vite, et elle ne lui eût pas été disputée par Talleyrand. A l'héritière royalement dotée, écouter son cœur, se marier d'amour comme font les petites gens n'est pas permis. Les rapacités subalternes ont signalé la proie aux grandes ambitions. Les puissances de la politique pèsent cette puissance d'argent et l'emploient pour leurs besoins. Qu'Alexandre et Napoléon, maîtres et sacrificateurs de multitudes, ne s'arrêtent pas à la plainte d'une victime et croient avoir accompli leur devoir en sacrifiant le vœu d'une fiancée aux intérêts d'un utile ministre, cela est naturel. Qu'à ces impassibles unis contre le bonheur de la jeune fille, nul n'ait fait obstacle, que les deux maîtres de son enfance l'aient abandonnée, qu'aux étrangers se soit jointe la protectrice naturelle de ce bonheur, que la fille ait été trompée par sa mère, voilà la tristesse anormale de ce drame. Là encore le secours des dévouements naturels a été ravi à l'enfant par la puissance de privilèges sociaux. L'instituteur et l'institutrice se sentent trop peu de chose pour lutter contre la grande dame, ne veulent pas paraître ingrats envers l'argent reçu d'elle, et cette grande dame, qui dans une existence modeste n'eût pas été une mauvaise mère, a toujours vécu pour la magnificence, les victoires mondaines, et sa vanité fascinée par la vision de Paris étouffe sa tendresse.

Il n'y a dans tant de personnages qu'un beau rôle. Car le prince charmant ne mérite qu'un succès d'estime, il est trop vieux puisqu'il hésite, et l'on est irrité qu'au lieu de courir au secours de sa belle, il semble lui-même la *Belle au bois dormant*. Seule, la jeune fille veut et combat; pas plus qu'Alexandre, Napoléon ne l'intimide; comme à eux, elle résiste à sa mère; elle ne renonce pas à celui qu'elle a choisi, avant de le croire infidèle. Elle et lui représentent bien leur sexe et leur âge. Quand l'amour se glisse en l'homme mûr, d'ordinaire averti et souvent découragé par ses expériences, l'homme commence par la peur, continue par l'embarras, tente d'accommoder l'accident, peut-être éphémère, de sa passion avec les intérêts durables de sa vie. Quand l'amour apparaît à la femme neuve et presque enfant, elle ne comprend pas qu'il n'ait pas été toujours, ni qu'il puisse diminuer, ni qu'il puisse finir, ni que s'il disparaissait elle-même durât, elle se consacre à lui tout entière, parce qu'il lui paraît toute la raison de vivre, et elle montre, par son orgueil de le confesser et son intrépidité à le défendre, combien est naturellement héroïque en elle la première révélation du cœur.

Un mois après les fiançailles, Dorothée de Courlande épousa Edmond de Périgord. Là s'arrêtent les *Souvenirs*. Ainsi font les contes de fée : à peine unis ceux qui s'aiment et que le récit nous a fait aimer, il se termine. Pourquoi les contes, les moins ennuyeux et non les moins profonds des ouvrages philosophiques, s'achèvent-ils toujours au mariage? Est-ce parce que le bonheur, si nous le savons sûr, a fini de nous intéresser? Ou la vie, même quand elle accomplit les rêves, est-elle moins belle qu'eux? Posséder est-il moins que conquérir? Et mieux vaut-il ne pas décrire des félicités qui déclinent au moment où elles commencent? Ce ne furent pas ces raisons qui décidèrent le rédacteur des *Souvenirs* à poser la plume. Le mariage lui avait apporté la grande déception, non la seule, sa vie entière avait de quoi captiver les lecteurs qui se plaisent aux épreuves des autres. Mais elle n'écrivait pas pour nous, elle écrivait pour elle. Pour elle, il eût été superflu de répandre sur le papier les tristesses de son âme, il eût été humiliant de rendre publiques des plaintes mises au secret par sa fierté, il eût été cruel de souffrir deux fois en racontant les douleurs qu'elle eût voulu oublier. Pour elle, c'était un oubli de fuir le présent dans le passé, c'était une douceur de revivre les rêves tués par les faits, c'était une consolation de se rendre ce témoignage que le premier espoir de son cœur avait été haut, désintéressé, pur. Et plus les réalités troublaient ou révoltaient la femme, plus elle aimait retourner, petite fille, au bal blanc de ses souvenirs.

ÉTIENNE LAMY.

AVANT-PROPOS

Mon père, le duc de Talleyrand, de Sagan et de Valençay, m'a légué ses papiers, parmi lesquels se trouvent des souvenirs et des lettres de ma grand'mère, qui fut comtesse Edmond de Périgord, et porta successivement les titres de duchesse de Dino, de Talleyrand et de Sagan.

Il estimait, avec une fierté bien naturelle, que les observations de sa mère sur les choses qu'elle avait vues et sur les personnages qu'elle avait approchés dans les différentes circonstances de sa vie, à Berlin au commencement du siècle, au Congrès de Vienne, à l'ambassade du prince de Talleyrand à Londres, en France sous la monarchie de Juillet, dans l'Allemagne de 1850, pourraient être, un jour, une contribution utile à l'histoire de cette époque. Il m'a laissée libre de juger du moment où je pourrais le mieux honorer la mémoire de ma grand'mère. Je crois la servir aujourd'hui en publiant ses souvenirs d'enfance, de concert avec M. Étienne Lamy qui possède l'un des manuscrits originaux et qui a bien voulu écrire la préface.

J'accomplis, en outre, un devoir particulier de piété filiale. Ma mère avait eu pour la duchesse de Sagan les sentiments les plus respectueux et les plus tendres, bien avant de devenir sa belle-fille. Elle l'avait connue toute jeune encore, dans le salon de sa mère la comtesse de Castellane, où elle avait vu aussi le prince de Talleyrand. Ce fut sous son inspiration qu'elle épousa plus tard le comte Max de Hatzfeldt, ministre de Prusse à Paris. Mon enfance fut, par elle, comme imprégnée et nourrie de souvenirs qui me sont restés précieux et chers.

Ma mère aimait à me parler de la haute culture de ma grand'mère, de son grand air, de sa beauté, de l'élévation de son esprit, du charme puissant de sa conversation, qui agissait sur ses interlocuteurs à l'égal d'un bienfait.

J'ai conservé intacts ces sentiments d'admiration que m'a transmis son jugement, qui resta toujours étranger à la malice et à la variation des opinions du monde.

La publication de ces pages réalise d'ailleurs un désir de ma grand'mère : en tête de ses Souvenirs elle écrivait ceci :

« Je me flatte qu'il pourrait se trouver, parmi mes lecteurs, quelqu'un de plus ingénieux ou de plus indulgent, qui prendra, en me lisant, ma défense contre moi-même. C'est à ce lecteur bienveillant, inconnu et peut-être introuvable, que j'offre le travail que je vais entreprendre. »

Jetée sur la scène du monde, dans d'exceptionnelles circonstances historiques, elle a voulu expliquer elle-même sa destinée. Fille du dernier duc régnant de Courlande, elle fut exilée de sa patrie avant même d'avoir vu le jour. Elle naquit à Berlin en 1793, presque à la veille du dernier partage de la Pologne. La famille royale de Prusse entoura son berceau de beaucoup de sollicitude et dès sa naissance se formèrent dans son cœur les liens profonds qui la retinrent toujours attachée au pays où elle avait trouvé un asile et d'illustres amitiés fidèles.

Elle grandit pendant qu'on bouleversait l'Europe et, la diplomatie l'ayant mariée au neveu du plus fameux diplomate de son temps, elle devint Française en quelque sorte par voie de conquête impériale.

Il ne sera peut-être pas sans intérêt de voir la répercussion de cette succession inouïe d'événements sur une femme que la nature avait faite pour en sentir tout le drame et que sa naissance avait placée pour les bien voir et s'y trouver mêlée quelquefois.

Je tiens à remercier ici, tout particulièrement, monsieur Henri Moysset, qui a bien voulu se charger de toutes les recherches historiques et de toutes les notes qui éclaircissent le texte des Souvenirs.

COMTESSE JEAN DE CASTELLANE.

SOUVENIRS

DE

LA DUCHESSE DE DINO

LA DUCHESSE DE COURLANDE ET DE SÉMIGALLE
ET LA PRINCESSE DOROTHÉE DE COURLANDE

INTRODUCTION

Paris, le 12 juillet 1822.

Il y a deux mois qu'un de mes amis, partant pour le Danemark et venant me dire adieu, entra assez inopinément dans ma chambre pour surprendre quelques larmes dans mes yeux. Inquiet de me voir de la peine et croyant avoir trouvé, depuis quelque temps, ma disposition plus sombre que de coutume, il voulut me questionner. La confiance qu'il m'inspirait, mais surtout l'émotion qu'il venait de remarquer et qui n'était point encore calmée, me firent lui ouvrir mon cœur. Il trouva en moi ce que saint Augustin dit, quelque part, avoir éprouvé : *le mécompte du passé, le tourment du présent, l'épouvante de l'avenir.*

Après quelques consolations que je reçus, ce me semble, assez mal, et des exhortations que je repoussai avec une sorte de violence, il finit par me croire plus malade que malheureuse, et peut-être avait-il raison, quoique avec une bonne poitrine et un sang très pur on ne puisse, je crois, arriver à de la souffrance que par du chagrin. Il me demanda si j'avais un médecin. — Oui. — Et que vous ordonne-t-il? — De la distraction. — Eh bien! allez dans le monde? — J'en suis excédée. — Le spectacle, les promenades? —Me fatiguent. — Les paysages? — M'éloignent de ce que j'aime. — Mêlez-vous des affaires du temps? — Mon intrigue maintenant ne pourrait être qu'une conspiration, et où trouver dans ce pays-ci des conspirateurs? —Essayez de la coquetterie? — Je l'ai épuisée. — De la dévotion? — Je l'ai traversée. —Eh bien, écrivez? — Écrire, et quoi? — Vos mémoires. — Quelle folie! — Non, vous avez beaucoup vu le monde, vous avez vu beaucoup de choses, toute votre vie a été singulière, votre caractère est bizarre, rien en vous ni autour de vous ne ressemble à ce que je rencontre. Les douleurs passées ne sont pas d'une société importune; c'est la déplaisance du présent, c'est l'inquiétude de l'avenir qui vous tuent; eh bien! c'est de cette impatience, de cet effroi qu'il faut vous distraire; ne vivez que dans vos souvenirs et vous y parviendrez.

Je me promis de réfléchir à ce conseil, et je me suis peu à peu familiarisée avec cette pensée, d'abord assez effrayante, de devenir une sorte d'auteur. Toutes les difficultés, tous les inconvénients de cette entreprise, par mille raisons au-dessus de mes forces, se sont présentés en foule pour m'en détourner; et puis, cependant, je suis arrivée, non pas à accueillir ce régime déplaisant, mais à me soumettre à le suivre comme étant nécessaire à ma tête et à mes nerfs, dont l'agitation se trouvera peut-être calmée, pour un certain temps du moins, par ce nouvel emploi d'une surabondante activité!

En signalant les difficultés et les inconvénients on trouvera qu'il fallait être ou bien malade ou bien malheureuse, pour ne pas se laisser arrêter; c'est une manière comme une autre d'exciter la compassion, et après avoir, bien à tort, inspiré beaucoup d'envie, je ne serais pas fâchée de faire naître un peu de cette pitié qui aide l'indulgence.

Une manière de vivre toute d'interruptions, des soucis de tout genre, suffiraient seuls pour ôter à l'esprit et à la mémoire la suite nécessaire dans une semblable occupation; mais la plus grande de toutes les difficultés naît de la multiplicité des événements qui ont encombré les vingt-neuf années dont je veux me rendre compte. Ce n'est pas seulement la méthode à introduire, ce n'est pas l'effort de mémoire qui, seuls, m'effraient, mais c'est ce travail de conscience, c'est cette sincérité de confession à laquelle je veux me soumettre. Si cet examen scrupuleux peut souvent n'être pas satisfaisant, il aura du moins l'avantage de me reposer de la dissimulation forcée dans laquelle s'écoule une si grande partie de ma vie. Retrouver la sincérité au bout de la plume, c'est ne pas se brouiller tout à fait avec elle. Mais cette sincérité, qui me sourit, dépend-elle de moi? Si je puis n'omettre aucune action, pourrai-je me souvenir des motifs, des impressions qui m'ont dirigée? Mobile à l'excès, accessible de toute part, modifiée à l'infini par la toute-puissance des objets extérieurs, pourrai-je retrouver les degrés de l'échelle que je monte et descends sans cesse? Je ne le crois pas. Dès lors où sont les excuses? Elles me manquent à moi-même, ma vue trop courte ne les découvre pas. Alors mes lecteurs ne se présentent plus à moi que comme des juges sévères, leur arrêt sera rigoureux, et je le redoute. Cependant, je me flatte qu'il pourrait se trouver, parmi eux, quelqu'un de plus ingénieux ou de plus indulgent, qui prendra en me lisant ma défense contre moi-même. C'est à ce lecteur bienveillant, inconnu et peut-être introuvable, que j'offre le travail que je vais entreprendre. Je lui confie ma cause; je le remercie d'avance de se charger de la défendre; elle pourra paraître mauvaise à bien du monde!

1

Les ducs de Courlande. — Ernest-Jean Biren. — Son élévation. — Sa chute. — Exil en Sibérie. — Son retour dans le
duché de Courlande. — Le duc Pierre. — Son mariage avec
Anne-Dorothée de Médem. — Les quatre princesses de Courlande. — Annexion de la Courlande à la Russie. — Sagan.

J'ai eu si peu d'aïeux du nom de mon père que
pour remonter à ce qui, dans ma famille, m'a
précédé, il ne me faut ni de bien longues recherches, ni un grand effort de mémoire. Aussi ne
me reste-t-il presque rien à dire sur l'origine de
mon grand-père [1], sur ses talents, sa beauté [2], son

1. Ernest-Jean Bühren ou Biren, né en 1690. Sa famille,
d'origine westphalienne, mais établie en Courlande, y possédait depuis plusieurs générations le domaine de Kalm-Zeem.
Elle s'était créé des alliances avec quelques-unes des plus
importantes familles du duché, les Lambsdorf, les Behr, les
Turnouw.
2. Casanova de Seingalt, lors de son passage à Mittau, fut
présenté au duc de Courlande par le comte de Kaiserling. Il
fait de lui le court portrait suivant : « C'était un vieillard,

courage ; sur la faveur de l'impératrice Anne[1] qui fit sa fortune[2] et le maria à une fille de qualité[3] ; sur la toute-puissance dont il jouit en Russie, sur les trésors qu'il accumula, puis sur la rapidité de sa chute[4] et les dix-huit années de son exil

assez courbé, à tête chauve. A le considérer de près on reconnaissait qu'il avait dû être un fort bel homme » (*Mémoires*, t. VI, p. 93, édit. Flammarion).

1. Anna Ivanovna, fille d'Ivan Alexiéiévitch, frère de Pierre le Grand ; elle était duchesse veuve de Courlande quand elle fut appelée au trône de Russie (1730-1740).

2. Le 12 février 1718, Anne se trouvant encore comme duchesse de Courlande à Annenhof, résidence voisine de Mittau, un petit événement s'y était passé qui devait avoir une influence capitale sur les destinées de la future impératrice et même sur celles de la Russie. Par suite de la maladie du grand maître de cour, Pierre Mikhaïlovitch Bestoujev, un employé de la chancellerie porta à la duchesse des papiers à signer. Elle lui dit de revenir tous les jours. Un peu après elle en faisait son secrétaire, puis son gentilhomme de la chambre. Il s'appelait Ernest-Jean Bühren (Waliszewski, l'*Héritage de Pierre le Grand*, in-8°, Paris, 1900, pp. 173 et 179). En 1725 il accompagna la duchesse à Moscou pour le couronnement de Catherine Ire et lorsque Anne fut impératrice, à son tour le favori fut tout-puissant. En 1737, il fut élu duc de Courlande par la diète courlandaise. Le diplôme de l'élection est daté du 2/14 juin de cette même année ; il fut ratifié le 13 juillet suivant par le roi de Pologne Auguste III. (Kruse, *Kurland unter den Herzogen*, 2 vol. in-8°, Mittau, t. II, p. 2.)

3. En 1723, il épousa Benigna von Trotta-Treyden.

4. Avant de mourir (octobre 1740), la tsarine Anna Ivanovna institua, par testament, Biren régent de l'Empire. L'héritier du trône était un enfant au berceau, l'empereur bébé Ivan VI, fils d'Anna Leopoldovna et d'Antoine de Brunsvick-Bevern. Cette régence fut de très courte durée. Le général Münich jaloux de la domination de Biren et de complicité avec les

en Sibérie[1], sur son retour inespéré, d'abord à Tobolsk, ensuite à Pétersbourg, et enfin dans son duché de Courlande. Tous ces faits appartiennent à l'histoire, ainsi que les malheurs qui frappèrent mon père, à la suite de ceux qui détruisirent la Pologne.

Dans un pays qui n'a pas encore atteint la civilisation, la tradition est bien plus abondante que l'histoire; elle fournit encore lorsque celle-ci semble épuisée. C'est ce qui me fait rechercher avec soin tout ce qui peut être resté dans ma mémoire des récits avec lesquels mon père et ma mère amusaient mon enfance et satisfaisaient ma curiosité. Mes grands-parents étaient morts longtemps avant ma naissance; je n'ai vu d'eux que des portraits. Celui de mon grand-père, Ernest-Jean Biren[2], duc de Courlande, se trouve main-

parents du jeune empereur, fut l'instrument de sa chute. Le duc de Courlande fut condamné à mort le 8 avril 1741, reconnu coupable, entre autres crimes, d'avoir attenté à la vie de la défunte impératrice en la faisant monter à cheval par de mauvais temps. Il devait être écartelé si un manifeste du 14 avril suivant ne fût venu convertir cette peine en un exil perpétuel.

1. L'exil du duc de Courlande dura vingt-deux ans, puisqu'il se prolongea jusqu'à l'avénement de Pierre III (janvier 1762). Il fut envoyé à Pélim.

2. Bühren devient Biren en russe. Ce dernier nom déformé est devenu Biron, orthographe généralement adoptée.

7

tenant à Valençay. Son visage annonce de l'esprit et de la volonté, on comprend en le regardant que ses conseils, leur hardiesse, disons même leur férocité[1], aient pu assurer à la duchesse Anne de Courlande la couronne de Russie[2]. Il fut, jusqu'à la mort de cette princesse, l'objet de sa faveur la plus signalée, et, à ce qu'on croyait généralement, de ses affections les plus vives. Par égard pour les apparences, elle eut l'air de faire participer ma grand'mère aux bontés dont elle comblait celui que, de simple écuyer, elle avait successivement élevé aux plus hautes dignités. Ma pauvre grand'mère, fort simple, fut aisée à

1. On a publié dans le *Recueil de la Société impériale d'histoire russe* (Sbornik, t. XXXIII) des fragments de la correspondance du duc de Courlande avec le comte Kaiserling, où il se montre sous l'aspect d'un homme mélancolique et désabusé.

2. A la mort de Pierre II, dernier rejeton de la ligne mâle, de Pierre le Grand, la maison de Romanov n'était plus représentée que par des femmes. Depuis l'oukase de 1721 il n'y avait plus de droit successoral et la couronne restait entre les mains du *Conseil suprême*, qui détenait effectivement le pouvoir. Il en disposa en faveur de la fille d'Ivan, Anne de Courlande, en essayant toutefois de lui imposer une constitution oligarchique. Ce choix fut ratifié par une assemblée générale de dignitaires, car l'élue était populaire à Moscou et à Pétersbourg; mais les conditions qui limitaient l'autorité de la nouvelle souveraine ne furent pas acceptées. Le parti absolutiste l'emporta; l'impératrice Anne fit son entrée dans Moscou en grand appareil militaire et fut proclamée souveraine autocrate.

tromper; elle aimait à parler de cette faveur, qu'elle attribuait à ses propres agréments. Sans cesse et jusqu'aux derniers jours de sa vie elle racontait les marques d'amitié et de familiarité qu'elle recevait de l'impératrice. Elle revenait, par exemple, avec une reconnaissance un peu singulière, sur le plaisir qu'avait cette princesse à venir manger de la pâtisserie que la duchesse de Courlande préparait elle-même. Passionnée pour son mari, cette bonne et simple personne le suivit courageusement avec ses enfants en Sibérie[1], où la première jeunesse de mon père se passa dans des privations de tout genre. Ayant résisté aux terribles épreuves du plus rude climat, il acquit une force qui permit à sa vieillesse de conserver les goûts et de pratiquer les exercices qui sembleraient n'appartenir qu'à l'entrée de la vie. Je me souviens de lui avoir entendu dire que

1. En exil, la duchesse de Courlande et ses filles dessinaient et faisaient des ouvrages délicats de femme. Elles brodèrent des étoffes avec des dessins représentant des indigènes de la Sibérie et leurs industries rustiques. Une des pièces du palais de Mittau en est encore tendue. Benigna composa à la même époque, en allemand, un recueil de poésies religieuses, qui a été imprimé à Mittau en 1773, sous le titre : *Eine grosse Kreuzträgerin*. Sa correspondance est conservée aux archives de Moscou. (Waliszewski, p. 177.)

la plus vive douleur qu'il eût éprouvée durant son exil, fut la perte du petit cahier sur lequel il avait écrit, en cachette, l'histoire de l'élévation et de la chute de sa famille, avec le récit détaillé de leur enlèvement de Pétersbourg. Ce cahier fut brûlé avec la mauvaise chaumière habitée par mes parents à Pélim[1], en Sibérie. Cet incendie me rappelle avoir souvent entendu raconter que ma grand'mère, douée de ce qu'en Écosse on appelle *the second sigth*[2], avait prédit ce nouveau malheur. Ses prédictions étaient constamment le

1. Dans le gouvernement de Tobolsk, à trois mille verstes de Saint-Pétersbourg. Ce n'est plus aujourd'hui qu'une bourgade peuplée d'une centaine d'habitants. La ville de Pélim fut fondée en 1592 et destinée par Boris Godounov à servir de lieu de déportation. Deux Romanov, ancêtres de la dynastie régnante, le duc de Courlande, le général Münich comptent parmi ses hôtes les plus illustres. « Le monde environnant était un marécage, glacé en hiver et en été producteur d'une quantité d'insectes telle que l'air devenait irrespirable et qu'il fallait garder le visage couvert. Trois mois d'été et de soleil, puis le froid et la nuit. Les provisions venaient de Tobolsk. » (Waliszewski, *la Dernière des Romanov, Élisabeth I*, p. 17, in-8°, Paris, 1902.)

2. En Allemagne, il y a une catégorie de personnes qu'on tient pour être particulièrement douées de ce don de seconde vue; ce sont celles qui naissent vers le milieu de la nuit. On les appelle *Mitternachtskinder*, enfants de minuit. Madame d'Agoult (Daniel Stern), qui était par sa mère d'origine allemande et qui naquit à Francfort-sur-le-Main vers le milieu de la nuit du 30 au 31 décembre 1805, s'est fait l'écho de cette superstition (*Mes Souvenirs*, 1806-1833, 3e édit., 1880, p. 21).

sujet des moqueries de mon grand-père, qui repoussait toute superstition; cependant, elles lui faisaient successivement connaître, mais sans fruit, puisque ces mystérieuses inspirations ne le disposaient à aucune précaution, les événements, tantôt heureux, tantôt sinistres, mais toujours imprévus et marquants, qui se pressaient autour de lui. C'est ainsi que, dans ses rêveries, ma grand'mère prédit le jour qui devait rendre la liberté à son mari, et, non seulement elle annonça la chute du général Münich [1], mais plus tard la mort de l'impératrice Élisabeth et le rappel

1. « Le maréchal de Münich n'avait arrêté le duc de Courlande que pour s'élever sur les ruines des Biren, au faîte de la fortune. Toujours guidé par les mêmes vues qu'il avait eues lorsqu'il engagea le duc à se faire nommer régent, il voulait s'emparer de toute l'autorité et ne donner à la grande-duchesse que le titre de régente. Il s'imaginait que personne n'oserait rien entreprendre contre lui : il se trompa » (*Mémoires historiques, politiques et militaires sur la Russie*, par le général Manstein; nouvelle édition, Lyon, 1772, t. II, p. 111). Le 25 novembre 1741, juste un an après la chute de Biren, Münich fut arrêté par ordre d'Élisabeth et condamné à l'écartèlement. Gracié sur l'échafaud, il fut exilé en Sibérie, à Pélim, et emprisonné dans la maison même qu'il avait fait construire pour le duc de Courlande. Cette maison se composait de quatre chambres et était entourée d'une haute palissade. L'oukase qui exilait Münich rappelait Biren. On raconte que les deux adversaires se croisèrent en route aux environs de Kasan et se saluèrent sans échanger une parole (Waliszewski, *Élisabeth I*, p. 16).

de ma famille, qui eut lieu à l'avènement de Pierre III[1].

L'épée que rendit ce prince à mon grand-père, le jour qu'il le revit, se trouva, par un hasard singulier, être celle avec laquelle, dix-huit années auparavant, il avait cherché à se défendre contre les agents du général Münich, dans la nuit où il fut subitement attaqué, garrotté[2] et jeté dans le kibitka[3] qui l'entraîna dans les déserts de Sibérie.

Réintégré dans le duché de Courlande[4] et ayant

1. L'avènement d'Élisabeth avait rendu quelque espoir au duc de Courlande. Au commencement de 1742 il reçut, en effet, un courrier du Sénat lui annonçant qu'il recouvrait la liberté et le domaine de Wartemberg. Il quitta aussitôt Pélim et se disposait à gagner la Courlande, quand il fut arrêté en route par un nouveau message qui lui enjoignait de demeurer à Jaroslavl. L'ex-régent s'y établit dans une habitation plus spacieuse avec un beau jardin sur les bords du Volga. On lui envoya de Pétersbourg sa bibliothèque, ses meubles, sa vaisselle, des chevaux même et des fusils, avec la permission de chasser à vingt verstes à la ronde. Ses frères et Bismarck eurent la permission de le rejoindre. Gustave Biren mourut peu après; Charles et Bismarck paraissent avoir repris du service dans l'armée. En 1762, Biren fut rappelé à la Cour par Pierre III, qui avait dû épouser sa fille Hedvige, quand il était encore duc de Holstein. Il rendit à l'ancien favori une partie de ses biens, mais lui fit savoir qu'il destinait la Courlande à son oncle Georges-Louis de Holstein (Waliszewski, *l'Héritage de Pierre le Grand*, p. 309).

2. Voir appendice I.

3. Petite voiture à quatre roues sans ressorts et en partie recouverte d'une bâche; elle est en usage chez le paysan russe.

4. En janvier 1763. Le duché de Courlande était resté sans

retrouvé une grande partie de ses immenses richesses, il songea à les mettre à l'abri de nouvelles vicissitudes du sort, et c'est à sa sagesse que nous devons l'acquisition qu'il fit à cette époque des terres considérables que nous possédons encore maintenant en Silésie, et qui, plus tard, ont offert à mon père un hono- rable asile.

Mon grand-père eut trois enfants : Pierre, qui lui succéda[1], Charles[2], et une fille qui se nommait Hedwige[3]. J'avais si peu entendu parler d'elle,

maître jusqu'en 1758. A cette date, le prince Charles de Saxe, fils d'Auguste III, fut élu sur la demande d'Élisabeth. Pierre III, en 1762, se proposait de donner le duché à un membre de sa famille, quand arriva la coup d'État qui fit passer le pouvoir aux mains de sa femme. Catherine II ne voulait ni du prince de Saxe, ni du prince de Holstein. Elle résolut de rétablir Biren, qui abdiqua en 1769 en faveur de son fils et mourut en 1772. Il est enterré à Mittau.

1. Le duc Pierre naquit en 1724. A la mort de l'ex-régent, il hérita de la Courlande, qu'il gouverna jusqu'en 1795, date à laquelle il abdiqua à son tour. (Kruse, t. II, p. 177.)

2. Né en 1728, mort en 1801 à Kœnigsberg. Le prince Charles a fait souche de la ligne des princes actuels de Courlande.

3. Frédéric-Charles, duc de Holstein, qui avait épousé une des deux filles de Pierre le Grand, avait, sous le règne d'Anna Ivanovna demandé par lettre au duc de Courlande de lui prêter cent mille roubles, en consentant à ce que la somme servit de dot à sa fille unique Hedwige, dont il demandait en même temps la main pour son fils, le futur époux de Cathe- rine II et qui régna quelques mois sur la Russie sous le nom de Pierre III. Mais Anna Ivanovna, prenant toujours en mau-

qu'il y a quatre ans seulement que j'appris, par une jeune dame russe qui me priait de la mener dans le monde parce que j'étais, disait-elle, sa cousine, que la sœur de mon père avait épousé un Russe, nommé le prince Tcherkassof...

Mon père s'est marié trois fois ; veuf de la fille du prince Yousoupoff, divorcé de la princesse de Waldeck, il n'eut d'enfants que de sa troisième femme [1]. Sept siècles d'une noblesse illustre, une figure charmante et une réputation de bonté établie dès l'enfance distinguaient ma mère et, si on avait dû supposer à mon père l'intention de chercher une alliance avec quelque maison souveraine, les grâces de la jeune Courlandaise et la

vaise part tout ce qui venait de Holstein, s'était fâchée et avait défendu qu'on lui en parlât. Devenu régent, le duc de Courlande renoua les négociations avec la tante du jeune duc de Holstein, Élisabeth, qu'un coup de main devait prochainement faire impératrice (1741-1762). Le mariage était à peu près décidé, un prince de Saxe-Meiningen avait été éconduit, Biren allait contracter alliance indirecte avec les Romanov, lorsqu'il fut emprisonné et exilé. Avant la rentrée en grâce définitive de son père, Hedwige de Courlande revint à la cour d'Élisabeth et c'est en 1753, à trente-trois ans, qu'elle épousa un officier de la garde, le prince Alexandre Tcherkassof. Elle mourut en 1787 (Waliszewski, pp. 303 et 310).

1. Le duc Pierre épousa en 1765 Caroline-Louise, princesse de Waldeck, avec laquelle il divorça en 1772. En 1774, il épousa Eudoxie, princesse Jessupow, dont il se sépara en 1778 ; en 1779 Anne-Dorothée de Médem, comtesse du Saint Empire (1761-1821) (Kruse, t. II, pp. 177-181).

considération dont jouissait la famille firent cesser toute surprise et le choix qu'il avait fait fut généralement approuvé. Une très grande différence d'âge, car ma mère épousa à dix-neuf ans un homme qui en avait plus de cinquante, ne nuisit en rien, si ce n'est au bonheur, du moins à la convenance de cette union, qui dura vingt années. Mon père avait été dans sa jeunesse d'une figure agréable ; il avait conservé une tournure élégante ; ses manières étaient nobles ; grand chasseur, grand homme de cheval, adroit à toute sorte d'exercices, d'une santé parfaite, il ne sentit les infirmités d'un âge avancé que dans sa dernière maladie...

Ses mœurs étaient douces. Il aimait les arts et les encourageait ; il a laissé à cet égard, en Italie, où il fit un assez long séjour [1], une réputation de bon

1. Le duc, accompagné de sa femme et de sa fille aînée, partit pour l'Italie le 6 août 1784. Il fit route par Dresde, Leipzig et Munich, visita d'abord Vérone, Venise et Bologne. Il passa l'hiver à Naples, vint à Rome pour les cérémonies de Pâques et retourna à Naples et à Ischia passer le printemps de 1785. Il rentra ensuite à Berlin par Florence et Turin. Les savants et les artistes firent fête aux voyageurs. A Rome, le duc fit frapper une médaille pour commémorer le dixième anniversaire de l'Académie qu'il avait fondée à Mittau. A Bologne, il fonda un prix de mille ducats que l'Académie des sciences devait décerner sous forme de médaille (Kruse, t. II, p. 185).

goût naturel que l'on s'étonnait de trouver chez un homme dont la jeunesse s'était passée en Sibérie. Son esprit était peu orné, mais chez un grand seigneur fort riche qui a le bonheur d'avoir des goûts, le manque d'instruction se fait peu sentir, les heures se trouvent remplies ; l'ignorance n'est embarrassante que dans une insouciante oisiveté. Mon père était occupé de ses quatre filles [1] et très fier de la beauté de l'aînée et des agréments des deux autres. Il cherchait aussi dans mon petit visage ce qui pourrait ne pas déparer la beauté qu'il disait être héréditaire dans sa famille et qu'il prisait si haut, que c'est à l'éclat de celle de ma sœur aînée, autant qu'à ses autres brillantes qualités, que nous attribuions la préférence qu'il lui montrait. Ses préventions paternelles ne lui permettaient pas de trouver dans les mariages qui se présentaient en foule pour ma sœur un parti convenable. A ses yeux, un trône était seul digne de la belle Wilhelmine. Aussi son extrême exigence le priva du bonheur de fixer lui-même le

---

1. Les princesses Wilhelmine, Pauline, Jeanne et Dorothée. En 1790, le duc avait perdu un fils âgé de trois ans et qui eût été le prince héritier (Tiedge, *Anna Charlotte Dorothea, letzte Herzogin von Kurland*, 1823, pp. 94 et 104).

choix de ses filles, dont aucune n'était mariée au moment de sa mort [1], qui eut lieu en Bohême, dans l'année 1800.

Quoique je n'eusse alors que six ans j'ai cependant conservé un souvenir très vif de sa personne et de ses manières, et j'ai toujours gardé avec soin quelques ducats de Courlande [2] qu'il me donna en échange de deux écus qu'un jour il m'avait demandés, disant en plaisantant qu'il était ruiné. Le bon cœur avec lequel je lui remis mon petit avoir me valut un baiser fort tendre dont je sens encore l'impression.

J'aimais beaucoup mon père, et c'était toujours avec des cris de joie que je sautais dans la voiture de maman, qui me ramenait tous les hivers à Sagan où, depuis la perte de la Courlande [3], mon

1. Le duc Pierre mourut à Gellenau dans le comté de Glatz, en Silésie, non loin de la frontière de Bohême, le 13 janvier 1800. Il fut inhumé à Sagan.

2. Les monnaies qui ont été frappées sous son gouvernement sont des *Sechser*, des *Dutlchen* ou marks, des *Ferdinge* de billon, des *Schilling* et enfin des ducats au même titre que ceux de Hollande. En fait de double ducat, il n'en existe qu'un exemplaire, peut-être une épreuve; de même celui d'un *Tympf* à trois *Sechser*, en billon, est conservé comme une rareté. Le duc n'a fait frapper que deux médailles, toutes deux en l'honneur de l'impératrice Catherine II (Kruse, t. II, p. 174).

3. Lors du dernier partage de la Pologne, en 1795, la Russie annexa la Courlande. Le duc Pierre abdiqua moyennant une

père avait fixé sa principale demeure. Il allait assez habituellement l'été dans ses terres de Bohême[1] avec mes trois sœurs, et c'était le temps de son absence que ma mère et moi passions en Saxe[2] dans une jolie maison de campagne que mon père lui avait achetée et qu'elle se plaisait à embellir.

Sagan était à la fois sérieux, imposant et magnifique[3]. Je l'ai revu il y a quelques années, et je n'ai pu m'empêcher de regretter la gothique

pension de vingt-cinq mille ducats, un douaire pour sa femme, et un prix d'achat de deux millions de roubles (Bilbassof, *la Réunion de la Courlande*, dans *Antiquité russe*, janvier 1895), et dans *Kruse*, t. II, appendice : « Acte de renonciation de Son Altesse le duc de Courlande et de Semgallen, aux droits qui lui appartenaient comme duc régnant. »

1. Au château de Nachod.

2. Au château de Löbikau, en Saxe-Altenburg.

3. Sagan avait appartenu à Wallenstein. A sa mort (1634), le duché devint la propriété des princes de Lobkowitz. Le prince Ferdinand de Lobkowitz mourut en 1784, laissant un fils mineur. C'est aux tuteurs du jeune prince que le duc Pierre de Courlande acheta Sagan en 1786, pour un million de florins. Frédéric II était très désireux de voir le duc s'établir en Allemagne et pour faciliter cette acquisition il changea le fief masculin en fief féminin, parce que le duc de Courlande n'avait pas d'héritier mâle. A la mort du duc, Sagan fut administré par la duchesse de 1800 à 1805. La princesse Wilhelmine en hérita. A sa mort (1839) le duché passa à la princesse Pauline ; elle le céda en 1844 à la princesse Dorothée, duchesse de Dino, qui prit alors le titre de duchesse de Sagan (Leipelt, *Geschichte der Stadt und des Herzogthums Sagan*, 1 vol. in-8°, 1853, p. 167 et passim).

splendeur qui éblouissait mon enfance et que remplace maintenant une élégante simplicité, plus d'accord sans doute avec les mœurs du temps, et avec nos fortunes actuelles, mais qui ôte à ce château ce caractère de grandeur et de solennité si bien en harmonie avec les vastes forêts de sapins qui l'environnent et la rivière impétueuse qui le borde [1]. Avant ces changements, le voyageur curieux comprenait que ce beau lieu était propre à servir d'asile à des êtres qui, ainsi que le premier possesseur de ce château, le grand Wallenstein, avaient été élevés et persécutés par les bizarreries de la fortune.

Il me souvient d'avoir vu à Sagan deux vieux fauteuils qui avaient servi à Wallenstein ; ils étaient recouverts de drap rouge et portaient sur leur dossier un W en galons d'or. Indépendamment de quelques souvenirs de ce genre, intéressants par la tradition, Sagan offrait une réunion précieuse de tableaux et de marbres superbes, rapportés d'Italie [2]. La bibliothèque était considérable. Les

1. Le Bober, affluent de l'Oder, sujet à des crues rapides. L'inondation de 1804 est restée particulièrement fameuse ; elle causa des désastres considérables (Leipelt, 170).

2. Leipelt, pp. 176-177. Et *Katalog der gemälde und sculpturen im herzoglichen Schlosse zü Sagan* (1855).

nombreux appartements de cette vaste demeure étaient presque tous meublés des plus belles étoffes de Perse et de Chine, et renfermaient toutes les curiosités de l'Asie, qui avaient été offertes à mon grand-père pendant sa régence. J'ai encore sous les yeux, dans la chambre même où j'écris, quelques débris de ces magnifiques inutilités.

Notre existence à Sagan était à peu près celle des petites cours d'Allemagne, quoique la fortune de mon père lui permît une magnificence que l'on aurait vainement cherchée chez les princes que l'on a depuis appelés médiatisés et peut-être même chez des souverains plus considérables. La cour de Berlin, par exemple, était tellement endettée au moment de la mort du gros Guillaume [1] que l'on ne trouva pas dans le trésor de quoi subvenir au frais de ses funérailles, et c'est à Sagan que l'on expédia un courrier pour prier mon père d'avancer la somme nécessaire pour cette cérémonie.

Mon père accueillait chez lui, avec l'hospitalité

1. Frédéric-Guillaume II mourut le 16 novembre 1797, laissant en effet les finances en pleine détresse. La dette s'élevait à plus de 40 millions de thalers.

abondante du Nord, non seulement toute la province, mais encore beaucoup d'étrangers qui, de Berlin, de Prague ou de Dresde venaient passer quelque temps à Sagan. Une troupe de comédiens assez passables, des chanteurs italiens et de bons musiciens attachés à la maison de mon père occupaient agréablement les longues soirées d'hiver[1] que des chasses superbes et des repas un peu longs avaient précédées. Mais le plus grand ornement de Sagan était, sans doute, ma mère charmante encore, entourée de mes trois sœurs éclatantes de jeunesse, de grâce et de talents. On disait même que j'étais une jolie enfant qui ne gâtait rien au tableau[2]. Mon père avait, comme je

1. Leipelt, p. 168.
2. Les princesses de Courlande brillèrent d'un vif éclat aux fêtes et réceptions du Congrès de Vienne où trois d'entre elles se trouvaient à des titres divers. Le comte A. de la Garde-Chambonnas, hôte du prince de Ligne pendant le Congrès, en parle dans ses *Souvenirs*, avec enthousiasme : « La princesse de Courlande, cette belle duchesse de Sagan (Wilhelmine), passionnée pour tout ce qui présente de l'héroïsme et de la grandeur; son extrême beauté n'est que le moindre de ses agréments. Sa sœur, la comtesse Edmond de Périgord (Dorothée), dont la démarche, les gestes, l'attitude, le son de sa voix forme un ensemble qui offre je ne sais quoi d'enchanteur. Elle a sur sa figure et dans toute sa personne ce charme irrésistible sans lequel la beauté la plus parfaite est sans pouvoir. C'est une fleur qui semble ignorer le parfum qu'elle exhale. Enfin la dernière des trois grâces de Courlande (duchesse

l'ai déjà dit, une telle aversion pour la laideur, qu'il voulait que ma mère ne fût entourée que de jolies personnes, qui, à titre de demoiselles d'honneur, la suivaient partout, comme c'est l'usage en Allemagne. Je vois encore les bals, les redoutes, les mascarades par lesquels on célébrait la naissance de mes parents et de mes sœurs; et si j'ai assisté depuis à des fêtes plus brillantes, aucune n'a laissé à mon imagination des souvenirs aussi vifs.

d'Acerenza) qui réunit en elle tout ce que nous admirons dans les deux autres » (*Souvenirs du Congrès de Vienne*, publiés par le comte Fleury, in-8°, 1901, p. 147).

II

Le prince Louis-Ferdinand de Prusse. — Projet de mariage
avec la princesse Wilhelmine de Courlande. — Opposition
des ministres prussiens. — Mariage des princesses Wilhelmine, Pauline et Jeanne de Courlande.

Il eût été trop douloureux de rester à Sagan
dans les premiers instants qui suivirent la mort
de mon père; aussi ma mère nous mena-t-elle
dans une maison que nous possédions à Prague,
et où elle passa l'année de son deuil.

Notre fortune était intacte, les guerres qui,
depuis, sont venues ravager l'Allemagne ne pouvaient être prévues [1] et nous étions, à cette époque,
les quatre plus riches héritières du Nord. De tous
côtés les plus grands partis se présentaient pour

---

1. La guerre de 1806 fut particulièrement ruineuse pour le
duché de Sagan. Pendant les guerres de l'Empire la ville fut
plusieurs fois pillée. La guerre de 1813 à 1815 coûta à la ville
seule soixante-cinq mille thalers (Leipelt, p. 173).

mes sœurs qui étaient d'âge à se marier. Ma mère.
accoutumée à une longue soumission aux volontés
de son époux, qui lui accordait bien peu d'.utorité
sur ses enfants, laissa, par habitude, une parfaite
liberté à ses filles dans le choix, si important,
d'un mari. Cependant elle vit avec plaisir et
encouragea même le goût mutuel de sa fille
Wilhelmine et du prince Louis-Ferdinand de
Prusse [1]. Tous deux jeunes, beaux, doués de qualités semblables auxquelles la différence du sexe
n'apportait que de légères nuances, ils paraissaient faits l'un pour l'autre. Jamais union ne
sembla devoir être plus approuvée, jamais mariage
n'eût donné plus d'espérance de bonheur. La

1. Louis-Ferdinand, prince de Prusse, neveu du Grand
Frédéric, né en 1772, fut tué à Saalfeld dans un combat d'avant-
garde (octobre 1806). Héros très populaire en Allemagne, von
der Goltz l'appelle un « météore lumineux au ciel des astres
militaires ». Les Mémoires du temps sont riches de renseignements à son sujet. Voir notamment : *Anekdoten und Cha-
rakterzüge aus dem Leben des Prinzen Ludwig Ferdinand von
Preussen*. Le livre est : « Allen Deutschen Gevidmet », dédié à
tous les Allemands ; — *Galerie von Bildnissenaus Rahels Umgang
und Briefwechsel*, t. I, p. 239-300 ; — *Matériaux pour servir à l'histoire des années 1805, 1806 et 1807, Paris, 1808* (ouvrage attribué
à Lombard, conseiller intime de Frédéric-Guillaume III) ; —
Arnim, *Vertraute Geschichte III*, p. 282-291 ; — Madame de Staël,
Dix années d'exil, édit. Paul Gautier, Paris, 1904, passim ; — Clausewitz, dans ses *Notes sur la Prusse dans sa grande catastrophe de
1806*, fait du prince un portrait très pénétrant. Voir appendice II.

sœur du prince[1], amie intime de ma mère, et de plus ma marraine, désirait vivement cette alliance qui, à la première ouverture, parut convenir également au roi de Prusse[2]. Mais le mariage d'un prince du sang est toujours l'objet d'une grave délibération, et les ministres prussiens appelés à donner leur avis s'opposèrent si fortement au mariage qu'on soumettait à leur décision que le roi retira trop positivement son consentement pour qu'on pût espérer de l'obtenir jamais.

La fortune personnelle du prince Louis-Ferdinand, déjà très considérable et qui devait s'accroître à la mort du prince Henri[3], son oncle, dont il était l'héritier, réunie à celle de la jeune duchesse de Sagan, eût placé ce prince dans une indépendance de la cour qui, jointe à l'entreprise naturelle de son esprit, à son ambition, à ses talents, à son attitude haute et un peu hostile, l'auraient rendu un sujet trop puissant et par conséquent dangereux. C'eût été, en effet, placer dans le centre même des États du roi une branche

1. Elle avait épousé le prince Antoine Radziwill (1775-1839).
2. Frédéric-Guillaume III (1797-1840).
3. Le prince Henri de Prusse était frère du Grand Frédéric. Né en 1726, il mourut en 1802.

redoutable dont l'influence eût pu rompre l'équilibre nécessaire au repos de la famille royale. Quand on a connu le prince et ma sœur on est bien prêt à trouver que les ministres prussiens pouvaient ne pas avoir donné un mauvais conseil.

La rupture de ce mariage laissa de longs regrets au prince et à ses vrais amis, qui auraient souhaité, et je les ai souvent entendus exprimer ce vœu, qu'une jeune et belle compagne, capable de comprendre et de partager ses vues élevées, généreuses et peut-être téméraires, fût devenue l'intérêt légitime qui a manqué à la vie de ce brillant jeune homme : elle aurait comprimé des défauts qui, devenus des vices, l'ont conduit par le dégoût de la vie et des plaisirs, qu'il avait imprudemment épuisés, à une mort qui ne fut utile ni à sa gloire ni à sa patrie.

Je me souviens de l'avoir vu au mois de septembre 1806, la veille du jour où il quitta Berlin pour rejoindre l'armée. Il était chez la princesse Louise, ma marraine, qui, tremblant pour ce frère chéri, versait des larmes en silence. Le prince, dans un état d'agitation difficile à décrire, marchait avec vivacité; il était fort rouge et l'on

voyait des mouvements convulsifs dans ses mains.
Les affronts que la Prusse venait d'essuyer de la
part du gouvernement français[1] excitaient sa
rage. Il montrait un mépris profond pour son
cousin[2], à la timidité duquel il attribuait tant de
maux; son langage devenait injurieux en nommant M. de Haugvitz[3], et il plaignait la reine qu'il

1. Sur l'attitude de la Prusse à l'égard de la France en 1806
et sur l'état des esprits à Berlin après la signature du traité
de Paris (25 février 1806), imposé à la Prusse par Napoléon,
voir A. Lévy, *Napoléon et la Paix*, 1 vol. in-8°, Paris, 1902.
  2. Le roi Frédéric-Guillaume III.
  3. Ministre des affaires étrangères du roi de Prusse de 1793
à 1804. Il passa le portefeuille au baron de Hardenberg et fut,
en 1805, choisi par le roi pour porter à Napoléon la déclara-
tion arrêtée avec la Russie par la convention de Potsdam
(3 novembre). On l'accusait d'être partisan de la politique napoléonienne. « La politique de la Prusse, dit Clausevitz, de la
paix de Bâle à la catastrophe de 1806, porte le caractère de la
faiblesse, de la pusillanimité, de l'insouciance et souvent
d'une habileté peu digne, traits qui étaient bien à la hauteur
du caractère du comte Haugvitz. Le comte Haugvitz aurait été
homme à se livrer entièrement à la France et à faire de la
Prusse une satrapie française... » (*Notes sur la Prusse*. p. 49).
Et cependant dans cette même année 1806, Haugvitz disait au
chevalier de Gentz : « S'il a jamais existé une puissance que
nous avons eu l'intention de tromper, c'est la France... »
(Comte de Sarden, *Histoire des traités de paix*, IX, 75-76.
Ms. du chevalier de Gentz). Sa mission commencée à Vienne
n'étant pas terminée, Haugvitz avait suivi l'empereur à
Paris et c'est là qu'il avait accepté le fameux traité. Le parti
de la guerre à la tête duquel se trouvaient la reine Louise et le
prince Louis-Ferdinand le lui reprochait violemment. Dans
les jours d'effervescence qui précédèrent la rupture des relations diplomatiques, les officiers prussiens s'en allaient
aiguiser leur sabre sur les marches de son escalier.

admirait passionnément. Prédisant le mauvais succès de la guerre, il répéta plusieurs fois qu'il ne pouvait survivre à tant de malheurs et à tant de honte. Toutes les phrases violentes sur les affaires publiques étaient mêlées de paroles fort tendres pour sa sœur, mais empreintes des plus noirs pressentiments. Avec quelques années de plus et mes superstitions, j'aurais compris, en sortant de cette chambre, que l'homme que j'y laissais était livré à une fatalité qui l'arrachait des bras de sa sœur pour ne l'y ramener jamais. Quinze jours après, la nouvelle de sa mort arriva à Berlin, et y répandit une morne consternation. On se refusait d'abord à croire une si terrible nouvelle; on sortait dans les rues, on s'adressait aux passants, on faisait la triste question dont on n'osait écouter la réponse. Toute la ville se pressait au palais Radzivill; le désordre y était tel, que mademoiselle Fromm, mademoiselle Wiesel, deux maîtresses du prince Louis, arrivèrent sans obstacle chez sa malheureuse sœur, où la vieille princesse Ferdinand, si fière et si imposante, et la princesse Louise, si vertueuse et si pure, mêlèrent leurs larmes à celles de ces deux femmes dont elles ne voyaient, dans ce moment, que les regrets et le malheur[1].

J'anticipe sur les calamités qui ont désolé mon pays et dont le souvenir est trop présent à ma mémoire, et j'oublie qu'ils étaient loin de nous encore, au moment où j'habitais Prague avec ma mère : je reviens à cette époque.

Ma sœur Wilhelmine, blessée de ce qu'elle appelait les torts de la cour de Berlin à son égard, voulut avec un peu de mauvaise tête se montrer promptement consolée. Elle fixa son choix sur le prince Louis de Rohan[2], dont le grand nom, les malheurs de l'émigration, et une jolie figure

1. Sur le prince Louis-Ferdinand et Pauline Wiesel, *Briefe des Prinzen L. F. von Preussen an Pauline Wiesel*, Leipzig, 1865. Introduction de 50 pages. Le volume contient 12 lettres du prince à Pauline et une lettre à Henriette Fromm ; il contient en outre des lettres de A. de Humboldt, de Rahel Varnhagen, de Gentz à Pauline Wiesel et trois lettres de Pauline en français, datées de Saint-Germain-en-Laye (4 août 1838 et 14 avril 1848), et de Paris (22 mars 1848) ; voir aussi Gentz *Schriften* édités par Schlesier, et Karl Hillebrand, *Revue des Deux Mondes*, 1er mai 1870.

Le prince Louis eut deux enfants d'Henriette Fromm, un fils et une fille, qui furent anoblis en 1810, sous le nom de Wildenbruch.

2. Le mariage de la princesse Wilhelmine eut lieu le 23 juin 1800, celui de la princesse Pauline le 26 avril 1800. La princesse Jeanne ne se maria que l'année suivante, le 18 mars 1801 (Leipelt, p. 170).

à laquelle je n'ai jamais trouvé ni noblesse, ni esprit, étaient les seuls titres à une préférence qui blessa beaucoup de rivaux et affligea les amis de notre famille.

Le mariage de mes deux autres sœurs eut lieu dans cette même année. Pauline, la seconde, fort jolie, fort bonne, naturellement spirituelle, mais légère et sans expérience, encore fatiguée de l'imposante autorité de mon père, contrariée du peu d'accueil qu'il avait fait aux propositions de mariage qui lui furent adressées pour elle, effrayée de l'intérieur, alors fort retiré, de ma mère, accepta avec empressement le premier mari qui s'offrit. Ce fut le prince de Hohenzollern-Hechingen, chef de la branche aînée de la maison régnante de Brandebourg, fort grand seigneur, sans doute, de qui je n'ai d'autre mal à dire que l'impossibilité où je suis de le louer sur autre chose que l'éclat de sa naissance.

Peu de temps après, ma troisième sœur suivit l'exemple de ses aînées et épousa le duc d'Acerenza, de l'illustre maison Pignatelli. Les lettres que la reine de Naples[1] écrivit en sa faveur, le zèle

---

1. La reine Caroline, sœur de Marie-Antoinette.

officieux de quelques personnes que ma sœur croyait alors de nos amis, la décidèrent. Je n'ai jamais pu trouver à ce mariage d'autre raison que l'importunité à laquelle, à seize ans, ma pauvre sœur ne sut pas résister. C'est à ces différents motifs, si peu suffisants pour faire prendre une résolution dans la seule grande question de la vie des femmes, qu'il faut attribuer le peu de bonheur que mes sœurs ont trouvé dans leur intérieur et l'empressement avec lequel elles ont profité des facilités que leur donnait la religion protestante et les usages de leur pays, pour rompre des nœuds aussi mal assortis que légèrement formés.

Ma mère, après le mariage de ses filles, se trouva séparée des deux aînées qui passèrent plusieurs années à voyager. La duchesse d'Acerenza et moi nous lui restions; mais ma mère souvent mécontente de son gendre, et trouvant dans son cœur plus d'inquiétude pour le bonheur de sa fille qu'elle ne voyait dans sa position de moyens de l'assurer, fut au moment d'accepter les propositions d'un second mariage, qui lui furent faites par le duc d'Ostromanie, oncle du roi de Suède et frère du duc de Sudermanic, qui depuis a été roi[1]. Ce prince avait vu ma mère à Karlsbad et avait conservé une impression si forte de sa douceur et de ses agréments, qu'aussitôt l'année de veuvage révolue il lui offrit sa main. Mais je n'avais que sept ans; mes tuteurs n'auraient pas consenti à me laisser élever en Suède; d'ailleurs la rudesse du climat aurait nui à ma faible santé. D'un autre côté, ma mère sentait le bonheur de l'indépendance, d'autant plus complet pour elle, que le testament de mon père et la noble conduite de l'empereur Paul lui avaient assuré un douaire plus considérable que celui de presque aucune princesse d'Allemagne. Toutes ces considérations, parmi lesquelles sûrement sa tendresse pour moi tint la première place, lui firent, après quelques jours d'hésitation, refuser l'honorable proposition du prince de Suède. Renonçant alors pour toujours à toute idée de s'engager dans de nouveaux liens, elle

1. Gustave III, assassiné en 1792 (mars), laissa un fils mineur qui monta sur le trône sous le nom de Gustave-Adolphe IV. Une régence était nécessaire; elle fut confiée au duc de Sudermanie. Lors de la révolution de 1809, Gustave IV fut banni du royaume et le duc de Sudermanie élu roi par la diète, sous le nom de Charles XIII.

arrangea sa vie d'une manière à la fois douce et convenable. Elle résolut de passer les étés à Löbikau, cette même maison de campagne en Saxe dont j'ai parlé et de s'établir l'hiver dans une grande ville qui pût lui offrir les ressources nécessaires à mon éducation. Presque toute ma fortune était en Prusse; mon avenir devait naturellement m'y fixer; ma marraine nous y appelait de tous ses vœux. Mes tuteurs, à la tête desquels était le roi, montraient plus qu'un désir à cet égard; et ma mère, que des relations d'amitié avec plusieurs membres de la famille royale y attiraient, fixa son choix sur Berlin.

III

La princesse Dorothée enfant, peinte par elle-même. Son éducation. — Entre le précepteur et la gouvernante. — L'abbé Piattoli. — Régime sanitaire de l'*Émile.* — Les lectures. — Instruction religieuse.

Peut-être n'est-il pas hors de propos de dire ici ce que j'étais, ou plutôt ce que je me souviens d'avoir été au moment où commence véritablement mon éducation. Petite, fort jaune, excessivement maigre, depuis ma naissance toujours malade, j'avais des yeux sombres et si grands qu'ils étaient hors de proportion avec mon visage réduit à rien. J'aurais décidément été fort laide si je n'avais pas eu, à ce que l'on disait, beaucoup de physionomie; le mouvement perpétuel dans lequel j'étais faisait oublier mon teint blême, pour faire croire à un fond de force que l'on n'avait pas tort de me supposer. J'étais d'une humeur maussade et, à ma pétulance près, je n'avais rien de ce qui appartient à l'enfance. Triste, presque mélancolique, je me souviens parfaitement qu'alors je souhaitais mourir pour retrouver mon père qui, s'il avait vécu, m'aurait offert la protection dont je croyais avoir besoin. Du reste j'étais parfaitement ignorante, quoique très curieuse; mon seul savoir se bornait à parler couramment trois langues : le français, que j'avais attrapé dans le salon; l'allemand, qui m'arriva par l'antichambre, et l'anglais, que j'apprenais à travers les gronderies et les coups d'une vieille gouvernante, qu'un ami avait fait placer auprès de moi depuis ma naissance, et qui se maintenait dans la maison par la faiblesse de ma mère, à qui sans doute on laissait ignorer les traitements fort rudes qu'elle exerçait envers moi. Cette Anglaise n'était cependant pas une méchante personne; mais dénuée, au plus haut degré, de toute espèce de sens commun, elle croyait que la seule manière d'ouvrir l'esprit des enfants était de les battre; et que, pour les rendre sains, il fallait les laisser courir tout nus et les tremper dans de l'eau à la glace. Dans le Nord, et avec des nerfs très irritables, ce régime a failli me tuer. Je ne me tirai de l'imbécillité, à laquelle les coups de cette vieille femme m'auraient infailliblement conduite, que par une révolte ouverte, qui me faisait passer pour fort méchante, tandis que, en vérité, le seul motif de ma colère était le seul besoin de repousser la cruauté, je dirais maintenant la démence dont j'étais victime. Depuis j'ai pardonné de bon cœur tous les coups de verges dont mon petit corps avait si souvent porté les sanglantes marques; et même j'ai retrouvé avec assez de plaisir cette pauvre vieille folle, qui m'aimait à sa manière, laquelle, Dieu merci, est celle de bien peu de gens.

Cet absurde système d'éducation, les corrections peu réfléchies, me rendaient malade, et raidissaient de plus en plus mon caractère au lieu de le former. J'étais obstinée, enragée et surtout blessée au plus haut degré des punitions multipliées que l'on m'infligeait, et dont nos domestiques étaient journellement les témoins. Je savais que j'étais l'objet de leur pitié, et ne m'en sentais que plus humiliée; enfin je ne crois pas qu'il fût possible de trouver un plus désagréable et plus malheureux enfant que je ne l'étais à sept ans.

Si tout en aimant beaucoup ma mère, en rendant justice à ses rares qualités, en la prisant bien haut, et la mettant bien à part, je ne suis cependant jamais arrivée avec elle à des relations précisément filiales, j'en attribue la cause première à ce temps d'oppression dont ma jeune tête lui faisait intérieurement quelques reproches. Je ne pouvais savoir que, jeune et charmante encore, le monde dont elle avait peu joui du vivant de mon père, l'attirait puissamment; qu'il était assez naturel qu'une enfant sombre, maussade et qu'on lui dépeignait opiniâtre et méchante, ne mérite pas de sa part beaucoup d'attention et de soins, et qu'il était par conséquent assez simple que je restasse dans un coin à ne me faire aimer de personne. Je sentais vivement que je n'intéressais qui que ce fût; mais j'étais trop irritée pour faire le moindre frais, la moindre avance; au contraire, je repoussais avec colère les paroles douces que de loin en loin on m'adressait, car je les croyais dictées par la pitié et non par l'affection.

Certes une grande partie de mes défauts datent du commencement de ma vie; et je ne sais s'il me serait resté une seule bonne disposition, sans le changement qui eut lieu, à cette époque, dans mon éducation. Un homme, aussi fameux par ses vices et ses bassesses que par le grand empire qu'il exerça sur plusieurs personnages marquants, fut la cause principale de ce qu'on me mit dans une meilleure route.

Ma famille tout entière était sous le charme de ce baron d'Armfeld [1] si fatal au repos de ceux dont il se disait l'ami. Il gouvernait despotiquement notre intérieur, mais son règne fut court et ne laissa d'heureux souvenirs que dans ma vie. Étonné qu'à près de sept ans je ne susse pas lire, il voulut s'assurer lui-même si mon ignorance tenait à de la mauvaise volonté, à de la stupidité, ou à quelques défauts dans la manière de m'enseigner. Il me fit connaître mes lettres ; je les appris en si peu de temps, mes progrès furent si rapides,

---

1. Le baron d'Armfeld (1757-1814), favori du roi de Suède Gustave III, qui le chargea de nombreuses négociations et missions politiques. Après la mort de Gustave III, assassiné en 1792, il eut avec le duc de Sudermanie d'inextricables démêlés, fut accusé de trahison, condamné à mort par contumace. Pendant tout le temps que dura sa disgrâce il séjourna en Allemagne et surtout à Berlin. Gustave-Adolphe IV, à son avènement, lui rendit biens et dignités et le combla de faveurs.

qu'il assura ma mère qu'il y aurait moyen de tirer quelque parti de moi, et qu'il était bien temps de me donner une gouvernante instruite et capable de me diriger. M. d'Armfeld faisait autorité dans cette question, il avait une fille charmante et bien élevée. Il mit donc l'instruction à la mode dans la maison et aussitôt on chercha partout la gouvernante à laquelle on voulait confier le petit monstre, qui, en huit jours, avait appris à lire comme une grande personne.

Le peu d'influence que ma mère avait eue sur l'éducation de ses autres enfants fit naître en elle le désir de prouver, par moi, que mon père avait eu tort de ne pas lui en laisser davantage. Pour réparer le temps perdu, et la négligence singulière dont on commençait à se repentir, on passa, comme c'est assez l'ordinaire, d'un excès à un autre : le conseil assemblé résolut de faire de moi un petit phénix qui, on n'élevait pas le moindre doute, ferait un jour un honneur prodigieux à la famille. Une bonne gouvernante, qui eût été fort suffisante pour un enfant, ne parut pas donner assez d'éclat à cette éducation que l'on annonçait avec une grande pompe ; on lui adjoignit donc un précepteur et, dès mon arrivée à Berlin, je dus me soumettre à deux puissances rivales et qui bientôt se déclarèrent la guerre, car l'abbé Piattoli et mademoiselle Hoffmann, qui avaient commencé par s'aimer trop, finirent par se détester. Après leur brouillerie, il ne resta de commun entre eux qu'une affection passionnée pour moi ; cette affection, poussée jusqu'à la jalousie, fut même la première cause de leurs discussions ; j'ajouterai que leurs caractères, leurs opinions étaient, d'ailleurs, si naturellement et si fortement opposés, que je ne savais comment me tirer de l'embarras d'obéir à des volontés si contraires. Ma gouvernante, quand je voulais suivre les conseils de l'abbé, était à l'instant saisie d'horribles attaques de nerfs ; l'abbé, quand je voulais le contredire, s'emportait contre le système absurde que mademoiselle Hoffmann avait adopté. Je finis par me familiariser avec les maux de nerfs de l'une et les sorties de l'autre, et je ne prenais de tous deux que ce qui, à mon propre jugement, me paraissait raisonnable, et ce qui, surtout, se trouvait de mon goût ; bien sûre que j'étais d'avoir toujours un des deux pour m'approuver et me défendre.

Peut-être comprendra-t-on mieux par qui et comment j'ai été élevée si je dis quelques mots de la vie, assez singulière, des deux personnes auxquelles j'étais confiée. Scipion Piattoli, Florentin de naissance, avait d'abord été attaché à l'éducation d'un jeune Polonais[1] avec lequel il était venu d'Italie à Varsovie ; plein d'esprit, d'une instruction prodigieuse et universelle, d'un caractère souple, de manières nobles et polies ; très favorable aux progrès des doctrines révolutionnaires, dont il était fort occupé ; il ne tarda pas à être remarqué par le roi Stanislas, dont il devint le bibliothécaire et le secrétaire intime. Il fut le rédacteur principal de la Constitution du 3 mai[2], tort immense aux yeux de l'impératrice Catherine qui le persécuta cruellement. Jeté dans les cachots d'une obscure forteresse, il ne dut sa liberté qu'aux efforts généreux et persévérants de ma mère, à qui il avait été utile dans le voyage qu'elle avait fait à Varsovie pour les intérêts de mon père. Elle le recueillit chez elle au sortir de prison ; tant de bienfaits excitèrent vivement sa

1. Le prince Henri Lubomirski.
2. La Constitution du 3 mai 1791.

reconnaissance et il se chargea avec plaisir de la partie sérieuse et élevée de mon éducation [1].

Mademoiselle Hoffmann était Allemande; elle avait dans sa première jeunesse dû épouser un Français qu'elle avait connu à Mannheim et qu'elle suivit à Paris. Au moment de se marier le jeune homme mourut. Dans sa profonde douleur, elle se persuada que la religion catholique lui offrait plus de consolations que la religion protestante; elle abjura et se retira dans un couvent avec l'intention de se consacrer uniquement à Dieu. Mais, peu de jours avant sa prise d'habit, elle se dégoûte subitement de la catholicité et de la vocation religieuse, quitte le couvent, la ville, le pays, et arrive je ne sais trop comment en Pologne où elle devient gouvernante de mademoiselle Christine Potocka. Bientôt après, les prisons de Russie s'étant ouvertes pour cette jeune personne qui voulut y suivre son père, mademoiselle Hoffmann, séparée de son élève, accepta avec plaisir la proposition qui lui fut faite de s'occuper de moi. Sa manière d'enseigner était heureuse, ses sentiments étaient généreux et son caractère élevé, mais avec plus

1. Voir Appendice III.

d'imagination que d'esprit, plus de savoir que de discernement, plus d'emportement que de volonté; avec un cœur ardent, une humeur inégale et impérieuse, elle paraissait plus appelée à donner une éducation brillante qu'une raisonnable.

Malgré les inconvénients réels et multiples qui résultaient pour moi du caractère de mes entours et de leurs divisions, inconvénients que je sentais peu alors, mais dont j'éprouve encore aujourd'hui les suites, je me trouvais fort heureuse comparativement aux années précédentes.

Mademoiselle Hoffmann passionnée pour l'*Émile* me faisait en grande partie suivre le régime sanitaire indiqué dans cet ouvrage [1], il me réussit assez bien : je repris bientôt des forces et des couleurs et je suis convaincue qu'à sept ans comme dans tout le cours de ma vie, je n'ai jamais été malade que de contrariétés.

On me donna des maîtres d'agréments, j'en faisais peu de cas et je ne cherchais guère à profiter de leurs leçons. Aussi, suis-je arrivée à danser en mesure, les pieds en dehors, sans avoir jamais appris un seul pas. J'aime beaucoup la

1. Voir Appendice IV.

bonne musique, je crois la sentir, mais je dois les impressions qu'elle produit sur moi à mes nerfs et à mon organisation plutôt qu'à ma science dans cet art, car mon maître de musique était, de tous mes maîtres, celui qui se plaignait le plus de mon inattention et de l'insupportable ennui que je montrais dès le premier quart d'heure de ma leçon de piano.

J'aurais aimé le dessin, il m'aurait amusé et j'eusse, je crois, fait des progrès, sans une vue très basse que je fatiguais beaucoup d'ailleurs. J'abandonnais mes crayons, pour ne plus les reprendre, durant une espèce de cécité qui me voua, pendant plusieurs mois, à la plus complète oisiveté.

J'avais de grands succès dans les ouvrages de l'aiguille; on me faisait coudre et broder pendant les lectures d'histoire qui remplissaient nos soirées et dont je chargeais mademoiselle Hoffmann ou l'abbé. Je suis restée bonne ouvrière et cela me plaît.

J'appris bientôt à écrire les trois langues que je parlais. Je calculais supérieurement à dix ans, ce qui donna l'idée de m'apprendre l'algèbre et les mathématiques. J'ai employé beaucoup de temps à ces études que je préférais à tout. A treize ans je passais, avec un bonheur et un amour-propre singuliers, de fréquentes soirées à l'observatoire de Berlin, avec le fameux astronome Bode [1], qui m'avait prise en amitié. Mais maintenant que le monde, ses joies et ses douleurs, ont depuis longtemps effacé toute ma petite science, je regrette que l'on m'ait laissée donner un temps précieux, aujourd'hui perdu sans retour, à des études si inutiles dans la vie quand on ne les continue pas, et si fatigantes pour les autres, dans une femme, quand on les pousse trop loin. Mais d'une part je me sentais entraînée à cette étude par une remarquable facilité, et de l'autre on trouvait, avec assez de raison peut-être, qu'il y avait quelque avantage à tempérer une nature à la fois ardente et mobile par des études sèches et abstraites. En dernier résultat on n'a rien calmé, mais on a donné à mon esprit un besoin de tout creuser et à mes raisonnements assez de méthode pour

1. Né à Hambourg en 1747, il fut appelé à Berlin par Frédéric II et nommé membre de l'Académie des sciences. Il mourut en 1826. La *loi de Bode* donne les distances des planètes au soleil.

les faire contraster, d'une manière singulière et souvent pénible, avec le mouvement de mon imagination et l'impétuosité de mon caractère.

Je lisais beaucoup et beaucoup trop. L'abbé Piattoli avait une bibliothèque pleine de bons et de mauvais livres, comme est ordinairement celle d'un homme. Excepté trois ou quatre ouvrages, signalés et interdits, l'abbé me livra les autres. Grimpée et blottie sur la marche la plus élevée de l'échelle, je passais mes récréations à parcourir toute sorte de fatras et de bonnes choses. Mademoiselle Hoffmann arrivait et me grondait : du haut de l'échelle je la laissais dire, et lorsque je la voyais faire mine de m'atteindre, je m'élançais sur le corps de bibliothèque que j'escaladais très lestement au risque de me casser le cou. Je vois d'ici les bustes d'Homère et de Socrate entre lesquels je prenais place, et d'où je négociais pour descendre, ce qui n'avait lieu qu'après avoir obtenu la permission de continuer la lecture qui m'intéressait. Je n'aimais pas la promenade et il n'y avait d'autre moyen de me faire sortir qu'en me promettant de me laisser grimper aux arbres et polissonner tout à mon aise, ce que je faisais à un tel excès que je revenais habituellement tout écorchée.

Je n'avais pas d'enfant de mon âge autour de moi, leur société m'ennuyait parce que mon plus grand plaisir était, ce qu'il est encore, de causer. Je croyais comprendre ce que disaient les personnes plus âgées que moi, et je ne cherchais qu'elles. Les deux compagnes, dont je m'arrangeais, avaient chacune sept ou huit ans de plus que moi. Elles partageaient mes leçons et nous sommes restées amies quoique dans mes jeux turbulents, je ne les ménageasse guère et que dans les études qui étaient de mon goût je les surpassasse toujours.

Je voyais peu ma mère; elle voyageait une grande partie de l'été et, l'hiver, elle allait beaucoup dans le monde. Quoique je demeurasse sous le même toit qu'elle, je savais beaucoup trop que la maison m'appartenait, que j'étais servie par mes gens, que mon propre argent payait mes dépenses, et qu'enfin mon établissement était complètement séparé du sien. J'allais le matin lui baiser la main, de temps en temps elle venait dîner chez moi, c'est à quoi se bornaient nos rapports.

Ma mère aimait l'abbé, mais elle craignait ma

gouvernante; la présence de celle-ci, qui ne voulait jamais me perdre de vue pour conserver tout son empire, lui était trop importune pour que le plaisir de me voir pût l'emporter sur la gêne qu'elle rencontrait. Cet empire de ma gouvernante était réel et je le trouvais doux, parce qu'il était fondé sur sa tendresse pour moi et sur l'indépendance qu'elle me laissait dans les petites choses qui m'intéressaient alors et qui flattaient trop mon goût pour que le souvenir que mademoiselle Hoffmann supposait que j'en conserverais, n'assurât pas à sa facilité et à son indulgence un crédit puissant sur moi.

Mon éducation religieuse était nulle; je ne faisais point de prières, car je n'en savais pas. Je n'avais été qu'une fois à l'église un jour que le prédicateur était fort maúvais. La simplicité des temples protestants n'avait rien qui pût occuper mes regards, et après m'être endormie au sermon, je déclarai ne vouloir plus y retourner. Ni mademoiselle Hoffmann, qui, après avoir eu deux religions, était restée sans en professer aucune, quoiqu'elle ne fût pas cependant tout à fait incrédule, ni l'abbé, qui croyait que Condillac et les idées métaphysiques étaient des guides plus sûrs que l'Évangile, ne me contrariaient sur mon dégoût pour l'office divin.

Voilà bien exactement et trop longuement sans doute ce que j'étais à douze ans. Mon éducation fut trop bizarre pour que je ne reporte pas sur elle les fautes trop nombreuses de ma jeunesse. Je ne suis pas fâchée de bien faire connaître les excuses, car je sens que bientôt je vais avoir besoin de les faire valoir.

IV

C'est dans ce temps que j'entendis parler pour la première fois d'un procès considérable que nous avions, mes sœurs et moi, en Russie contre mes cousins qui nous disputaient une partie des sommes accordées à mon père en indemnité de la Courlande. Quoique l'espèce de transaction faite avec mon père fût déjà ancienne, les stipulations qu'elle contenait n'étaient point exécutées; nous n'avions rien reçu. Prouver que nous avions seules droit à cet argent et le retirer promptement d'un pays où la propriété n'est guère plus en sûreté lorsqu'elle est reconnue que quand elle est contestée, était d'un intérêt immense pour nous.

M. de Gœckingk [1], conseiller intime au service du roi de Prusse et l'un de mes tuteurs, partit pour Pétersbourg comme fondé de nos pouvoirs; mais ne sachant pas le russe et parlant très mal le français, il désira se faire accompagner de quelqu'un qui pût suppléer à ce qui lui manquait. L'abbé Piattoli lui parut ce qu'il y avait de mieux pour l'aider dans sa mission. Celui-ci, quoique peiné de me quitter, était cependant si fatigué des scènes continuelles de mademoiselle Hoffmann, qu'il n'hésita pas à donner à ma famille, en entreprenant ce pénible voyage, une nouvelle preuve de son dévouement.

Les personnes assez malencontreuses pour avoir des affaires en Russie savent qu'il est possible d'y user une vie tout entière à la défense de ses intérêts, sans obtenir, je ne dis pas justice, mais une solution quelconque. Pénétré de cette

1. Il aida la duchesse de Courlande à administrer Sagan de 1800 à 1805, c'est-à-dire depuis la mort du duc Pierre jusqu'au moment où la princesse Wilhelmine prit en main l'administration du duché. C'est ce même M. de Gœckingk qui présenta à la duchesse de Courlande Henriette Herz, femme célèbre dans la société berlinoise de cette époque; poète à ses heures, ses « Chansons de deux amoureux » eurent alors un certain succès (Henriette Herz, *Ihr Leben und ihre Erinnerungen*, Berlin, 1850, pp. 186 et 189).

triste vérité, le pauvre abbé me quitta, les larmes aux yeux, sentant bien qu'il se séparait de moi pour longtemps, et qu'il me quittait précisément à l'âge où sa surveillance et ses conseils devraient le plus contribuer à donner à mon esprit et à ma raison la direction qu'il aurait voulu leur imprimer.

La présence de M. Piattoli contrariait mademoiselle Hoffmann; elle se sentit allégée par son départ, et ne garda plus de mesure ni dans l'encens qu'elle me prodiguait ni dans l'éloignement où sa jalouse affection me tenait de ma mère. Aimant assez la société lorsqu'elle y tenait une place première, elle s'en composa une qu'elle réunissait chez moi et dans laquelle elle me menait souvent; mais ce n'était pas une société où par mon rang je fusse naturellement placée : des artistes, quelques hommes de lettres, des familles de négociants trouvaient que j'avais une fort bonne maison; et ils avaient raison : le revenu considérable confié à mademoiselle Hoffmann pour mon éducation la rendait en effet fort agréable. Ma mère ne quittait guère sa sphère élevée et brillante pour trouver chez moi des personnes avec lesquelles elle n'avait aucun rapport; et lorsqu'elle voulait que j'allasse dîner ou souper chez elle, mademoiselle Hoffmann élevait des difficultés, prétendant que les distractions du grand monde portaient du trouble dans mes études. Je n'avais garde de la contredire : je me trouvais si bien dans le petit cercle dont elle m'avait entourée. J'y étais toujours, et à une grande distance, la première; on me flattait, on me gâtait. Il était très simple que j'aimasse mieux rester chez moi et mettre à contribution les talents et l'empressement de tous ceux qui m'environnaient que d'être en petite fille dans un coin du salon de ma mère, avec une gouvernante dont le maintien était aussi gêné que le mien ennuyé. Je n'avais de relations analogues à mon âge et à ma position qu'avec les enfants de la princesse Louise [1] et avec ceux de la reine; car il n'y avait pas moyen de refuser de me mener au château et au palais Radziwill quand j'y étais

1. Sœur du prince Louis-Ferdinand, mariée en 1796 au prince Antoine Radziwill, duc d'Olyka et de Nieswiez. Elle mourut en 1836. Elle était la marraine de la princesse Dorothée et c'est sous les auspices de ce souvenir que fut conclu à Sagan, en 1857, le mariage de mademoiselle Marie de Castellane, petite-fille et filleule de la duchesse de Sagan, avec le petit-fils de la princesse Louise de Prusse, le prince Antoine Radziwill.

demandée. La reine mère, la jeune reine, tous les princes me traitaient comme si je leur eusse appartenu. Ma marraine était toute maternelle pour moi, la vieille princesse Ferdinand me gâtait à l'excès, et le jeune prince royal[1], enfant aussi spirituel qu'il est devenu un prince distingué, m'avait prise dans la plus vive amitié : un an de plus que lui m'avait donné une sorte d'autorité sur son naturel indompté. Nous avions les mêmes maîtres et nous les faisions nos ambassadeurs; c'était un échange innocent et continuel de dessins, de petits ouvrages, de beaux exemples d'écriture, de compliments fort tendres. J'ai conservé tant de reconnaissance pour cette aimable famille, j'ai été si respectueusement touchée de l'honneur qu'elle a désiré me faire en souhaitant mon mariage d'abord avec le prince Henri[2], frère du roi, et plus tard avec le prince Auguste[3], son cousin, je me trouve encore si

1. Il régna plus tard sous le nom de Frédéric-Guillaume IV (1840-1861).

2. Né en 1781, mort en 1846. Il était le troisième fils de Frédéric-Guillaume II. En 1806 il commandait une brigade d'infanterie. En 1845, il eut le major de Moltke comme aide de camp.

3. Le prince Auguste de Prusse était frère du prince Louis-Ferdinand. Il fut fait prisonnier au combat de Prentzlow, le 6 octobre 1806, par le vicomte de Reiset et conduit en France

flattée des regrets qu'elle a témoignés lorsque mon étoile m'a arrachée de la Prusse, que je ne pourrai jamais exprimer assez tout le dévouement et le respect que je lui ai voués.

D'après les goûts de mademoiselle Hoffmann je vivais, comme je viens de le dire, dans un monde fort différent et qui partout ailleurs aurait eu plus d'inconvénients pour moi; mais, à Berlin, la haute bourgeoisie offre une société pleine de savoir et de talent. Peut-être le goût n'était-il pas toujours bien sûr et la pédanterie se glissait-elle quelquefois dans nos réunions. Les Français se feront une idée juste de ce qu'elles étaient par M. de Humboldt[1], qui appartient à cette même bourgeoisie.

comme prisonnier d'État (*Souvenirs du Vicomte de Reiset*, p. 226). Sur le séjour du prince Auguste de Prusse au château de Coppet et sur son projet de mariage avec madame Récamier en 1807, voir le livre très documenté de E. Herriot, *Madame Récamier et ses amis*, Paris, in-8°, 1904, t. I, pp. 171 et suiv.

1. Il s'agit ici de Guillaume de Humboldt et non d'Alexandre, son frère. Guillaume de Humboldt (1767-1835) représente au plus haut degré le type de l'homme très cultivé (*hochgebildeter Mann*) qui, avec un grand fonds d'instruction première, a su s'assimiler toutes les idées de son temps. Il fonda l'Université de Berlin (1810) et fut ministre plénipotentiaire de la Prusse au Congrès de Vienne. C'est là qu'il reverra la princesse Dorothée de Courlande, devenue duchesse de Dino, qui accompagna le prince Talleyrand, son oncle, au Congrès. L'Académie

J'ai conservé un souvenir agréable de quelques personnes que je voyais souvent à cette époque ; je citerai plus particulièrement M. Ancillon[1], prédicateur distingué, auteur estimable, homme droit et éclairé, attaché depuis à l'éducation du prince royal, et qui jouit encore de l'amitié de son élève et du respect de ses concitoyens. Je

royale de Berlin vient de publier une édition de ses œuvres complètes qui ne compte pas moins de 15 volumes in-8°. Si les écrits philosophiques de Guillaume de Humboldt n'ont guère franchi les limites du monde savant, ses écrits politiques (*Politische Denkschriften*, t. X-XII, formant 4 vol. de l'édition citée) ontexercé une profonde influence sur la formation de l'Allemagne contemporaine. Une œuvre d'un autre genre, mais célèbre en Allemagne, nous donne une idée de ce qu'il devait être dans ses relations du monde. Ce sont ses *Briefe an eine Freundin* qui contiennent toute une philosophie du bonheur puisé dans le parfait équilibre de l'âme. Les *Lettres à une amie* sont adressées à Charlotte Diede, personne d'une grande beauté, qu'il connut aux eaux de Pyrmont au temps où il était étudiant, dont il fut très amoureux pendant trois jours et à qui il écrivit régulièrement jusqu'à la fin de sa vie. Et c'est en vain qu'on chercherait dans cette correspondance intime un mot de nature à compromettre la mémoire d'un philosophe.

1. Jean-Pierre-Frédéric Ancillon (1767-1837) était issu d'une ancienne famille de Metz, émigrée en Prusse après la révocation de l'Édit de Nantes. Il avait fait un assez long séjour à Paris pour y achever ses études. A Berlin, il exerçait les fonctions de pasteur ; prédicateur très éloquent, il était lié d'amitié avec les plus illustres de ses contemporains. Plus tard, et quoique immigré, il devint président du Conseil des ministres de Prusse (1831). Son *Tableau des révolutions du système politique de l'Europe depuis la fin du XV° siècle* (Berlin, 1803-1805), ouvrage aujourd'hui bien oublié, eut alors un grand succès et le plaça au premier rang des historiens de son temps.

pourrais nommer quelques femmes aimables,
unissant tous les talents et toute l'instruction
d'une position première à toutes les vertus
domestiques d'une situation médiocre. L'Allemagne offre mille exemples de ce genre, si rares
dans les autres pays. Berlin particulièrement
pouvait se vanter de posséder des femmes aussi
distinguées dans le monde qu'excellentes dans
l'intérieur de leurs ménages, car *ménage* est le
mot[1].

1. Sur la société de Berlin à cette époque, on peut consulter
les *Souvenirs* de Henriette Herz et de Rahel Varnhagen, déjà
cités; les *Tagebücher* de Varnhagen (14 vol., 1866-1870, Leipzig);
Geiger; *Berlin 1688-1840*; *Geschichte des geistigen Lebens der
preussischen Hauptstad*, Berlin, 1895, t. II, pp. 186-206 : *Gesell-
schaften und Clubs*; K. Hillebrand, *la Société de Berlin, de 1789
à 1815, Revue des Deux Mondes*, 1er mars 1870. Voici ce qu'il
dit en particulier de la maison de la duchesse de Courlande.
d'après les Mémoires de Henriette Herz : « La duchesse de
Courlande... était une des premières grandes dames chré-
tiennes de Berlin, qui réagit contre la séparation des classes,
déjà un peu effacée parmi les hommes et qui osa disputer aux
riches Juives (mesdames de Grotthuis et d'Eybenberg, filles du
banquier Cohen, et surtout Henriette Herz, la Récamier allemande, et Rahel Levin, mariée à Varnhagen) le droit d'accueillir et de patronner le talent. Son exemple fut bientôt
suivi et l'aristocratie prussienne mit autant d'amour-propre
à se distinguer par l'esprit et par la culture de l'esprit que
naguère elle en avait mis à étudier la science héraldique. Le
salon de madame de Courlande réunissait toutes les classes
de la société et les distinctions religieuses y étaient entièrement inconnues. Juifs et chrétiens, savants et grands seigneurs,
grandes dames et comédiennes, tout cela s'y rencontrait, s'y
confondait, car la duchesse s'attachait à placer ses hôtes à

Je vais en nommer une qui n'était assurément
ni sur cette ligne ni dans cette catégorie mais qui,
par le plus admirable talent et des manières
parfaitement convenables, aurait pu être reçue
partout, excepté chez une jeune personne : madame
Unzelmann [1], la plus grande actrice du théâtre
allemand, l'était cependant chez moi. Les larmes
que sous l'habit de Marie Stuart elle m'avait fait
verser me donnèrent le désir de la voir et de

une douzaine de petites tables séparées où il fallait bien que
les grandes dames fissent bonne mine aux convives roturières
avec lesquelles l'habile maîtresse de maison savait les mêler.
Cet exemple fut contagieux et eut d'excellents résultats pour
le rapprochement des classes. C'est dans cette maison que se
rencontrèrent Rahel et le prince Louis-Ferdinand, madame de
Staël et Auguste-Guillaume de Schlegel, qui avait remplacé
son frère à Berlin, la princesse de Radziwill, sœur du prince
Louis-Ferdinand, et Jean de Müller, le célèbre historien,
madame de Genlis et le comte de Tilly, ami de Mirabeau.
Genelli, le peintre, et Gualtieri, l'humoriste, Frédéric de
Gentz, la plus puissante plume de publiciste que l'Allemagne
lait jamais eue, et Guillaume de Humbodt, le diplomate
philosophe ; en un mot, tout ce que Berlin comptait de
distingué par l'esprit. » — « Il fallait, ajoute Henriette Herz,
l'indépendance, l'énergie, l'esprit et le tact de la duchesse
pour ne pas échouer dans une pareille entreprise... C'est
dans la maison de la duchesse de Courlande que madame de
Staël fit choix d'un petit nombre d'amis qui devinrent ensuite
ses familiers à elle : *Erinnerungen*, cap. xv (*Die Herzogin
Dorothea von Kurland und ihr Haus*, pp. 186-195).

1. Devrient, dans son *Histoire de l'art dramatique en Allemagne*, présente madame Unzelmann comme une actrice de
génie, une femme du monde accomplie, un modèle de grâce.
(*Geschichte der deutschen Schuuspielkunst*. 5 vol. in-12, 1848,
Leipzig, t. III, p. 275.)

causer avec elle ; mes fantaisies étaient des ordres : je la vis, la trouvai charmante, et l'emmenai même passer quelques semaines à la campagne où, en l'absence de ma mère, nous jouions la comédie qu'elle dirigeait et à laquelle elle prenait part. L'illustre Schiller ne s'arrêtait pas à Berlin sans qu'il me fît l'honneur de venir chez moi.

Jean de Müller [1], l'historien, était un des habitués de mon salon. Iffland [2], grand acteur, auteur

1. Jean de Müller (1752-1809), Suisse d'origine, fut d'abord conseiller aulique à Vienne; en 1804, il vint à Berlin en qualité d'historiographe du roi de Prusse. En 1807, Napoléon le fit nommer, par le roi Jérôme, ministre secrétaire d'État du royaume de Westphalie. L'œuvre principale de Jean de Müller est l'*Histoire de la Confédération suisse*, qu'il laissa inachevée. Ses œuvres complètes (40 vol., 1831-1835) comprennent plus de 10 volumes de *Lettres*. C'est Jean de Müller qui rédigea le mémoire fameux que le prince Louis-Ferdinand, les frères du roi et un certain nombre de personnages politiques signèrent et remirent au roi, le 2 septembre 1806, pour le déterminer à renvoyer le ministre Haugvitz, les conseillers de cabinet Beyme et Lombard et à se déclarer contre la France. (Ce mémoire est reproduit en entier dans Pertz, *Das Leben der Ministers Freiherrn v. Stein*. 6 vol. Berlin, 1849-1855.)

2. Madame de Staël, qui l'avait vu jouer à Berlin, dit de lui : « Il est impossible de porter plus loin l'originalité, la verve comique et l'art de peindre les caractères, que ne le fait Iffland dans ses rôles. Je ne crois pas que nous ayons jamais vu au Théâtre français un talent plus varié ni plus inattendu que le sien » (*De l'Allemagne*, 2e partie, chap. xxvii). Iffland fut en outre un auteur dramatique fécond. L'édition complète de ses œuvres ne comprend pas moins de 24 volumes (édit. de Vienne, 1843).

spirituel, homme aimable et, ce que j'ai su depuis, intimement attaché à ma gouvernante, passait sa vie chez moi. Directeur du Théâtre-Royal de Berlin, le meilleur, sans contredit, de l'Allemagne, et rendu tel par ses soins, Iffland se faisait un plaisir de donner les représentations qui excitaient ma curiosité et mon intérêt. Je lui indiquais la distribution des rôles, je dirigeais ses costumes, et entre madame Unzelmann, lui et moi, nous formions un petit comité dramatique qui me plaisait à l'excès. J'avais une loge à l'année, et il est inutile de dire que j'étais très assidue lorsqu'il jouait. Je l'applaudissais trop dans *Wallenstein*, je pleurais de trop bon cœur lorsqu'il paraissait dans *le Roi Lear*, je partageais trop sa propre gaieté dans ses rôles comiques, pour qu'il ne prît pas un plaisir particulier à montrer tout son talent devant moi. Il m'aimait réellement beaucoup; j'ai des lettres de lui qu'il m'a écrites depuis que je suis en France, dans lesquelles il me pleure de la manière la plus touchante. On m'a souvent répété que je disais les vers allemands à merveille : c'est Iffland qui me les apprenait, et je me plais encore aujourd'hui à retrouver dans ma voix les inflexions que je prenais dans la sienne 'l a obtenu, depuis mon départ, des lettres de noblesse et la croix de l'Aigle rouge. Ces distinctions lui ont été accordées en récompense du rare désintéressement qui le porta pendant les malheurs de la Prusse à engager toute sa fortune pour soutenir le Théâtre de Berlin[1]. Il fut, à la même époque, l'objet des plus mauvais traitements de la part du maréchal Victor. Un prologue et une représentation extraordinaire par lesquels on célébrait habituellement le jour de naissance de la reine, furent joués, malgré la présence des autorités françaises. Le duc et la duchesse de Bellune, tous deux établis dans la loge royale, montrèrent à cette occasion la plus vive colère. J'étais ce jour-là au spectacle. Le maréchal surtout, indigné de l'air de fête répandu dans la salle, des bouquets que portaient toutes les femmes et des cris de : « Vive le roi ! vive la reine ! » qui retentissaient de toute part, envoya ses aides de camp arrêter Iffland, accusé par lui de fomenter ce qu'on appelait l'esprit de rébellion.

1. Iffland fut directeur du Théâtre de Berlin de 1796 à 1814; voir Devrient : *Ifflands Direction des Berliner Nationaltheaters*, t. III, pp. 274-310.

Des gendarmes pénétrèrent en même temps dans la salle, mais ne purent contenir le tribut d'amour et de regrets que les habitants de Berlin étaient si heureux d'offrir à leurs souverains absents et malheureux. Je me souviens encore d'un autre jour où l'on donnait *Iphigénie en Tauride*, pièce dans laquelle on voit sur la scène une statue de Diane. Le duc de Bellune se met dans la tête que cette statue ne peut être que celle de la reine et aussitôt il envoie arracher de force aux prêtresses étonnées l'image de la déesse. Il fallut bien alors donner au maréchal une leçon de mythologie, la première que de la vie il ait probablement reçue. Ce ne fut qu'après de longues explications qu'on obtint la grâce de cette pauvre Diane de carton, qui allait être mutilée. C'est ainsi que dans ces années de troubles les scènes les plus ridicules succédaient souvent aux plus déplorables excès [1].

1. Le Théâtre-Royal continua ses représentations après l'entrée des Français à Berlin, le 25 octobre. Le 23, on avait joué *les Organes du cerveau*; le 24, *la Vente de la maison* et *l'Amour et la Fidélité*; le 25, *Belmont et Constance*; le 26, on joua *Iphigénie en Tauride*; le 27, *l'Abbé de l'Épée* et *Alexis*; le 28, *le Mariage secret*; le 29, *Phèdre et le bon Cœur*. — Le public trouvant que Berlin manquait de distractions, on demanda au gouverneur de rétablir l'Opéra-Italien, dont les pensionnaires étaient subventionnés par l'État.

V

Mais pourquoi anticiper sur le temps? Quel triste empressement peut me porter à arriver aux époques de crises et d'humiliations! Est-ce moi qui puis avoir hâte de quitter des souvenirs d'illusions, de bonheur? J'étais donc heureuse! Oui sans doute; mais je ne l'étais pas des joies de l'enfance, et voilà ce qui plus tard a rempli ma vie de mécomptes. Car c'est avec des goûts appartenant à un autre âge que le mien, avec un orgueil excessif, une indépendance constatée, des liens de parenté affaiblis, des idées religieuses sans force, c'est en évitant le mal, mais l'évitant par fierté, craignant le blâme, mais ne le redoutant que par hauteur, que je marchais imprévoyante et présomptueuse vers des écueils couverts de fleurs. Je me demande souvent ce qui m'attirait la touchante bienveillance dont mes jeunes années étaient entourées, tandis qu'un amour-propre exalté aurait dû, ce semble, me rendre insupportable. Ne m'est-il pas permis d'essayer de répondre à cette question et, après avoir parlé sincèrement de mes défauts, de citer les qualités qui les atténuaient et même les faisaient souvent oublier? Je dirai d'abord que je n'ai de ma vie élevé des prétentions que lorsque j'ai pu supposer à la malveillance l'intention de les contester, et la malveillance, mes treize ans ne l'avaient point encore rencontrée. Donner le bonheur est une manière d'exercer la puissance qui a toujours eu un grand charme pour moi : aussi dans tous les temps j'ai été la meilleure possible pour mes gens, et utile, autant qu'il dépendait de moi, à tous ceux qui me montraient de la confiance en me demandant un service ou une protection. Je n'ai jamais manqué aux règles de la politesse; j'avais senti, dès mon extrême jeunesse, qu'elle était indispensable dans la vie. Cependant, il faut l'avouer, dans certains mauvais moments, dont je ne suis pas la maîtresse, on préférerait en moi un peu moins d'usage du monde à la dédaigneuse sécheresse de mes manières. J'admettais peu de supériorités, mais je n'étais pas assez sotte pour n'en reconnaître aucune. Celle que donnent de grandes vertus, des talents remarquables, la vieillesse, a toujours trouvé en moi l'estime et le respect qui leur sont dus. Je savais donner à ces sentiments une forme cajolante dans mon enfance et coquette dans ma jeunesse, qui flattait d'autant plus que la médiocrité n'obtenait de moi aucun hommage. Je mettais une grande importance à rendre ma maison agréable, et jamais je n'ai mieux fait les honneurs chez moi que lorsque j'avais treize ans. Enfin on jugeait trop sainement la singulière éducation que je recevais et la situation tout à part dans laquelle j'étais placée, pour ne pas me savoir gré d'avoir conservé des manières obligeantes, un langage naturel et le désir de plaire, que je ne rendais jamais assez général pour qu'il pût cesser d'être flatteur. Chacun ayant pris le parti de ne plus voir en moi une enfant, on me trouvait une personne assez aimable, très singulière, et par ce dernier motif jugée avec plus d'indulgence et d'équité qu'il ne s'en rencontre habituellement dans le monde. Ne ressemblant à personne, on ne m'appliquait pas les règles générales. D'ailleurs on croyait fermement que mon avenir appartenait à la Prusse, et tout Berlin voyait en moi une personne destinée à lui donner de l'éclat et de l'agrément. Le dirai-je? on plaçait un amour-propre presque national dans mes succès, on se vantait de mes avantages, et j'étais pour tout le monde tellement hors de ligne que je n'ai jamais rencontré pendant huit années ni froideur, ni envie. Rien ne porte autant à la bienveillance que de la trouver partout autour de soi; aussi je ne me souviens pas d'une seule personne qui à cette époque m'eût inspiré un mauvais sentiment. N'était-ce pas arriver bien mal préparée à la sévérité, à l'injustice des jugements que la société française s'est plu à porter contre moi?

Mais revenons à M. Piattoli, à son triste séjour à Pétersbourg, où il n'eut, pendant la marche si décourageante d'un long procès, d'autre consolation que l'amitié d'un Polonais, resté fidèle aux beaux rêves de la patrie.

Le prince Adam Czartoryski [1], descendant des Jagellons, avait été envoyé en otage à la cour de Catherine. Le grand-duc Alexandre, à la personne duquel on l'attacha dès son arrivée [2], sut apprécier les nobles qualités du jeune Polonais et

1. Le prince Adam-George Czartoryski naquit à Varsovie, en 1770, et mourut à Montfermeil, près Paris, en 1861. Après le dernier partage de la Pologne en 1795 il fut pris comme otage à Saint-Pétersbourg; il se lia avec le grand-duc Alexandre qui devenu empereur le nomma ministre-adjoint des affaires étrangères. La faveur du souverain lui laissait concevoir une Pologne reconstituée et autonome, sous la protection de la Russie. Déçu dans ses espérances, il se démit de ses fonctions en 1807. Nommé sénateur palatin du royaume de Pologne en 1815, il tomba en disgrâce en 1821. En 1831, élu président du gouvernement national polonais, ses biens furent confisqués; il s'établit alors à Paris et devint le chef du parti aristocratique de l'émigration polonaise. Il a laissé des *Mémoires*, 2 vol. in-8°, Paris, 1887.

2. Ce n'est qu'en 1797 que le prince Adam Czartorsyski fut attaché à la personne du grand-duc en qualité d'aide de camp général. Voici comment il raconte lui-même, dans ses *Mémoires*, l'origine de leurs relations qui datent de 1796 : « Le spectacle, les promenades, les bals à la cour nous rapprochèrent davantage, mon frère et moi, des jeunes grands-ducs qui nous traitaient toujours avec une prévenance visible. Je m'occupais alors du dessin. Le grand-duc Alexandre l'ayant appris m'en fit apporter quelques-uns qu'il examina, ainsi que la grande-duchesse, avec beaucoup de bienveillance... M'ayant rencontré un jour. il me dit qu'il regrettait de me voir si rarement et m'ordonna de venir le trouver au palais de la Tauride, que nous nous promènerions dans le jardin qu'il voulait me montrer. Il m'assigna le jour et l'heure... Je regrette de n'avoir pas marqué là date précise de ce jour; il eut une influence décisive sur une grande partie de ma vie et sur les destinées de ma patrie. C'est de ce jour et de la conversation dont je vais rendre compte que commença mon dévouement au grand-duc, je puis dire notre amitié... » (t. 1er, pp. 93 et 95).

le força par l'amitié la plus tendre à aimer un
Russe, à chérir le petit-fils de cette Catherine,
auteur de tous les maux de sa patrie. Alexandre
était marié. Son épouse, à la fois belle et aimable,
ne trouvant en lui ni la tendresse ni la vivacité
des sentiments qu'elle s'était flattée de lui inspirer, confiait ses innocentes douleurs à l'étranger
ami de son époux. Honoré d'une si touchante confiance, le prince Adam employa tout le zèle que
peut donner l'attachement le plus vrai, pour rétablir l'union dans un intérieur qui lui était si cher.
Mais, ce qu'à peine j'ose dire, quoique j'en sois
sûre, Alexandre, loin de l'écouter, lui répéta si
souvent que c'était à son ami à consoler la belle
Élisabeth et en même temps la princesse elle-
même montra publiquement tant d'intérêt au
prince Adam, que tout Pétersbourg eut bientôt
lieu de croire que les conseils de l'amitié avaient
été suivis. Silencieux et presque farouche, le
prince n'oubliait qu'auprès d'Élisabeth les malheurs de sa patrie et il croyait voir dans le jeune
grand-duc le souverain qui devait un jour les
réparer[1]. Sur ces entrefaites, Catherine vint à

1. Le prince Czartoryski relate dans ses *Mémoires* les propos

mourir et Paul Ier qui succéda à sa mère, amoureux lui-même de sa belle-fille, éloigna sous prétexte d'une mission importante en Italie[1] un rival préféré, le prince Czartoryski, qui ne fut rappelé qu'à l'avènement d'Alexandre[2]. Il revint fidèle à ses affections, également dévoué au nouveau monarque, et toujours épris de la jeune impératrice. Mais Élisabeth avait trouvé dans d'autres liens l'oubli de ses premiers sentiments; le cœur seul d'Alexandre était resté le même; il chercha à distraire son ami des mécomptes de

sur lesquels il fondait cette espérance : « Il me dit alors (pendant la promenade au jardin, 1796) qu'il ne partageait nullement les idées et les doctrines du cabinet et de la cour; qu'il était loin d'approuver la politique et la conduite de sa grand'mère, qu'il condamnait ses principes, qu'il avait fait des vœux pour la Pologne et pour sa lutte glorieuse, qu'il avait déploré sa chute, que Kosciuszko était à ses yeux un grand homme par ses vertus et par la cause qu'il avait défendue, qui était celle de l'humanité et de la justice. Il m'avoua qu'il détestait le despotisme partout et de quelque manière qu'il s'exerçât; qu'il aimait la liberté, qu'elle était due également à tous les hommes; qu'il avait pris l'intérêt le plus vif à la Révolution française; que, tout en réprouvant ces terribles écarts, il souhaitait des succès à la république et s'en réjouissait ».(t. I, p. 96).

1. « Un matin je reçus une lettre du comte Rostopchine dans laquelle il me disait que j'avais été nommé ministre de l'empereur auprès du roi de Sardaigne, que je devais incontinent me rendre à Pétersbourg pour y prendre connaissance de mes instructions et partir dans huit jours pour l'Italie.... » *Mémoires*, t. I, p. 188).

2. Le 24 mars 1801.

l'amour, en l'occupant des grands intérêts de la politique. Le prince Czartoryski venait en effet d'être nommé ministre des affaires étrangères, lorsque M. Piattoli chercha et parvint à le connaître, réveilla en lui d'anciens souvenirs polonais, lui parla de nos droits et finit par lui inspirer le désir de lui être utile.

La santé de M. de Gœckingk n'avait pu résister longtemps au climat de Pétersbourg; il était revenu presque mourant à Berlin, laissant l'abbé chargé de notre défense. Celui-ci, lorsqu'il fut seul, accepta un appartement agréable et commode chez le prince, de qui il avait su gagner l'amitié. Sans cesse à portée, dans sa nouvelle demeure, d'apprécier la bonté, la douceur, la sévère probité et la loyauté chevaleresque de son hôte, de qui d'ailleurs il était l'objet des attentions les plus délicates et les plus flatteuses, M. Piattoli voulut me faire partager la vive reconnaissance qu'il éprouvait; toutes les lettres que nous recevions de lui étaient remplies d'éloges pour son ami. Bientôt il me fit entendre qu'il aimait M. Adam, c'est ainsi qu'il le nommait, tout autant qu'il aimait sa jeune amie, et qu'à nous deux, nous possédions toutes les affections de son cœur. Il ne formait qu'un souhait dont l'accomplissement ferait notre bonheur et le sien, c'était de nous unir et de finir ses jours près de nous. Il inspira le désir de cette union au prince, qui cependant effrayé d'une assez grande différence d'âge, le cœur troublé par de récentes douleurs, fut long-temps à se décider à une démarche positive que demandait l'abbé. Ce fut la seule fois peut-être que les vœux de mon précepteur se trouvèrent d'accord avec ceux de ma gouvernante. Ce succès, l'abbé le devait à des souvenirs de jeunesse qui attachaient mademoiselle Hoffmann à tout ce qui était polonais. Me voir princesse Czartoryska, c'était réaliser, à ce qu'elle croyait, ses plus beaux rêves.

Les lettres de l'abbé et les conversations de ma gouvernante travaillaient dans ma jeune tête; mon imagination se plaisait dans des succès romanesques dont le prince devenait toujours le héros. Au bout de quelques mois j'arrivai à désirer ce mariage aussi vivement que les deux personnes qui l'avaient imaginé et qui ne voyaient dans l'exécution de leur projet qu'un espoir assez fondé de conserver l'empire le plus absolu sur deux êtres unis par leurs soins.

L'abbé fit faire une copie du portrait de son ami, qu'il m'envoya, et lui montra le mien qu'il venait de recevoir. Le prince était encore fort beau à cette époque ; je trouvai son portrait charmant, et je l'ai conservé précieusement jusqu'au jour où je le plaçai dans le cercueil du pauvre abbé, qui se referma sur mes premières espérances, mes premières illusions. Je ne sais ce que le prince pensa de la miniature qu'il avait vue chez M. Piattoli ; mais il la lui demanda, et depuis, malgré toutes mes instances, il ne me l'a jamais rendue.

Ma mère voyait avec déplaisir ce qui se passait, non qu'elle fût, au fond, opposée à ce mariage, mais elle blâmait avec raison les soins que l'on prenait pour me faire aimer quelqu'un que je n'avais jamais vu, et l'éloignement que l'on m'inspirait pour tout autre établissement. Cependant elle n'avait pas assez d'influence sur mon esprit pour me diriger et elle sentait qu'il ne lui serait pas possible de gagner ma confiance. Respectueuse et froide, je ne lui donnais ni un sujet de plainte, ni une preuve d'affection. Je flattais son orgueil maternel, mais je ne satisfaisais pas son cœur. Ce qu'elle appelait mon esprit, mais plus encore l'absolu de mes jugements et la raideur de mon caractère, lui inspiraient une sorte de gêne dont il lui est resté dans tous les temps une légère nuance.

VI

Voyage de la duchesse de Courlande en Russie. — Elle traverse la Courlande et revoit le château de Mittau, habité par Louis XVIII. — Séjour à Saint-Pétersbourg. — Accueil de l'empereu: Alexandre.

Les lettres de M. Piattoli[1], ne parlaient cependant pas uniquement du prince Adam; elles rendaient compte aussi de la marche de notre procès. Sans cesse l'abbé se plaignait des lenteurs et des dégoûts insupportables contre lesquels il luttait en vain; il répétait qu'à Pétersbourg défendre une bonne cause était insuffisant pour se faire écouter; qu'il fallait être connu, être imposant par des dignités ou par un grand luxe et semer l'argent à pleines mains, depuis le dernier valet jusqu'aux personnes les plus importantes,

1. Voir appendice V.

pour pénétrer dans le cabinet des juges et des ministres. Nous aurions infailliblement perdu notre procès, et par conséquent une grande partie de notre fortune, sans la résolution courageuse que prit ma mère d'aller elle-même solliciter en faveur de ses enfants. Elle partit de Berlin, où je restai, au mois mai 1806. Il lui fallut un dévouement vraiment maternel pour vaincre la répugnance que lui inspirait Pétersbourg. Cette répugnance sera comprise quand on songera que pour se rendre dans cette capitale, ma mère devait traverser la Courlande. Combien il devait lui coûter de revoir en simple voyageuse un pays dont elle avait été souveraine, et qui obéissait alors au prince de qui elle allait réclamer l'appui! Ce voyage si redouté fut cependant une source de joies et de consolations. L'empereur Alexandre, sachant que le souvenir de ma mère était adoré en Courlande, s'empressa avec tout l'esprit et toute la grâce qui le rendent si séduisant, de faire connaître qu'il verrait avec plaisir les témoignages de respect qu'elle recevrait à son passage, et il donna l'ordre à toutes les autorités russes de lui rendre les plus grands honneurs.

Ma mère revit ses frères, ses neveux, beaucoup de parents, d'amis, de serviteurs. Presque toute la noblesse de Courlande entoura sa voiture ; elle reçut partout des hommages simples et touchants, et si quelques regrets pénibles vinrent se mêler à tant de douces émotions, un regard jeté sur le château de Mittau, jadis sa demeure, alors celle d'un roi fugitif [1], lui apprit que des malheurs plus grands que les siens et qui n'obtenaient pas les mêmes consolations devaient lui faire bénir sans réserve celles que la providence lui accordait. Qu'elle était loin de penser que huit années après, perdue dans la foule, elle assisterait à l'éclatante restauration de ce prince, qui alors traitant ma mère d'égal à égal, avait envoyé M. d'Avaray [2] attendre son arrivée, pour lui offrir ses compliments.

1. Le roi Louis XVIII.

2. François de Besiade, comte, puis duc d'Avaray (1739-1811), aida Monsieur à s'évader du Luxembourg, en juin 1791, le suivit à l'étranger et ne le quitta plus. Ce fut d'Avaray qui décida du mariage du duc d'Angoulême avec Madame Royale, que la cour d'Autriche voulait retenir à Vienne. Louis XVIII l'appelait « le plus fidèle de ses serviteurs ». « L'ami, le confident véritable de Monsieur, écrit le duc de Sérent à Godoy, celui dont le crédit l'emporte sur tous les crédits... » (Ernest Daudet, *Histoire de l'Émigration*, t. II et III).

L'empereur fit exprimer d'aimables regrets à
ma mère de n'avoir pu mettre le château[1] à sa
disposition. Mais cette noble et vaste demeure
avait été deux fois la proie des flammes depuis
le départ de mon père. Ce qui restait du château
était presque inhabitable et servait à la fois d'hôpital militaire et de caserne. Louis XVIII habitait une aile un peu moins délabrée et une
moitié de la cour était devenue le jardin de madame la duchesse d'Angoulême, tandis que l'autre
servait de place d'armes et de promenades aux
soldats convalescents. Souvent le triste convoi

1. Dans son *Histoire de l'Émigration* M. Ernest Daudet fait du
château de Mittau la description suivante : « C'était, comme
aujourd'hui, une vaste et somptueuse construction, élevée sur
l'emplacement du vieux château ducal, aux bords de l'Aa. Des
bosquets et des étangs l'entouraient. Ses proportions monu-
mentales, ses pièces spacieuses, sa physionomie architecturale
rappelant Versailles, en faisaient une demeure digne d'un roi.
Par les hautes croisées, le regard embrassait un lumineux
horizon de dunes grisâtres, coupé çà et là de terres fertiles et
de forêts, borné au loin par la mer Baltique. Plus près s'éten-
dait la ville avec des rues spacieuses, des maisons en bois pour
la plupart, habitées par une population formée en partie de
nobles familles russes et de juifs allemands. Mittau renfermait
une société cultivée, savante, aimant les arts, au courant du
mouvement intellectuel de l'Europe. Elle devait ce privilège à
ses longues relations avec la Pologne, et surtout à son contact
permanent avec les voyageurs venus du midi de l'Europe, qui,
pour arriver dans la capitale russe, devaient nécessairement
passer par Mittau » (t. II, p. 226).

d'un de ces malheureux passait sous les yeux de la princesse; mais plus souvent encore son repos était troublé par les bruyants excès des cosaques et des baskirs. En voyant ces grandes infortunes, ma mère devait se trouver heureuse dans l'agréable et simple maison de son frère, où elle était entourée de tant de soins et d'amour. Après quelques jours consacrés à sa famille, elle demanda à voir Louis XVIII, la reine, Madame et Monsieur le duc d'Angoulême. Quoique ma mère partageât à cette époque l'opinion générale sur l'état prospère de la France, et qu'elle fût éblouie des succès éclatants qui rendaient alors cet empire si brillant, elle n'en fut pas moins touchée jusqu'aux larmes de se trouver au milieu de ces illustres réfugiés.

Les émotions de genres si différents qu'éprouvait ma mère ne lui firent pas perdre de vue le but de son voyage. Elle ne resta que peu de moments à Mittau, et arriva dans les derniers jours du mois de juin à Pétersbourg. A son arrivée elle reçut un message de l'empereur Alexandre qui lui annonçait sa visite pour le lendemain : ce message lui fut remis par le prince Troubetzkoï, aide de camp de l'empereur, et un peu gendre de ma mère, puisqu'il avait été le second mari de ma sœur aînée, dont il était alors déjà séparé.

A peine éveillée et déjeunant en peignoir avec l'abbé Piattoli, ma mère fut très surprise de voir entrer dans son cabinet un officier russe, qui, n'ayant trouvé personne dans l'antichambre, arrivait sans être annoncé. L'abbé reconnut et nomma l'empereur. Sa Majesté baisa la main de ma mère, qui, d'après l'usage du pays, approcha la joue. Elle était encore assez jolie pour que l'absence de toute parure ne lui fût pas défavorable. L'empereur la trouva ce qu'elle était en effet, belle, aimable et grande dame autant que personne du monde. Elle fut invitée à passer quelque temps à Kaminostroff où la cour était alors, et trouva toujours dans les différentes courses qu'elle fit aux environs de Pétersbourg la maison de l'empereur à ses ordres. Au bout de deux mois elle eut terminé ses affaires de la manière la plus satisfaisante, et quitta la Russie emportant mille souvenirs précieux de l'accueil charmant qu'elle avait reçu des deux impératrices et heureuse, enchantée de l'amitié qu'Alexandre lui avait témoignée. Cette amitié s'est soutenue longtemps sans nuage; la confiance dont ce monarque honorait ma mère a toujours été justifiée, et fut même dans quelques circonstances d'une utilité réelle aux vues politiques de ce prince.

VII

Revenue en Courlande pour n'y passer que six semaines, ma mère y fut retenue pendant tout le cours de la mémorable année 1807. J'ai dit qu'elle m'avait laissée à Berlin; c'est de cette ville que dans les premiers jours d'octobre, je vis l'armée prussienne détruite, et les trois quarts du royaume envahis. Les mauvaises nouvelles se succédaient si rapidement, il y avait eu si peu d'intervalle entre le commencement des hostilités et le désordre d'une complète déroute que le hasard seul présida aux dispositions qu'il fallut prendre. La mort du prince Louis à Saalfeld[1], la perte de la bataille d'Iéna[2], consternaient Berlin. Le bruit de la prise de la reine se répandit même; elle s'était, disait-on, obstinée à rester près du roi, et avait été enlevée dans la bagarre générale par des partisans français. Mais pendant qu'on allait aux informations, on vit une voiture attelée de six chevaux qui couraient bride abattue, s'arrêter devant le palais; la reine en descendit, passa une heure à brûler quelques papiers et à donner des

1. Le 10 octobre 1806. Voici comment Parquin, qui tenait ce récit de Gaindé, raconte sa mort: « Le prince Louis, avec quelques hussards d'ordonnance, s'efforçait de rallier les fuyards, lorsqu'un maréchal des logis du 10ᵉ hussards français, qui s'appelait Gaindé, arriva sur lui, la pointe au corps, lui criant: « Rendez-vous, général, ou vous êtes mort! » Le général, qui n'était autre que le prince Louis, répondit : « Moi me rendre! Jamais! » Et relevant l'arme de Gaindé, il lui porta un coup de sabre qui atteignit le maréchal des logis à la figure; il allait lui en donner un second lorsque Gaindé, ripostant d'un coup de pointe, traversa la poitrine du prince et le jeta en bas de son cheval. Les ordonnances du prince, le voyant en combat singulier avec un soldat français, arrivèrent au galop et ils se seraient infailliblement emparés de Gaindé ou du moins ils l'auraient tué, si un hussard du 10ᵉ ne fût arrivé au galop en s'écriant : « Tenez bon, maréchal des logis! » Puis, lâchant un coup de pistolet, il étendit mort un hussard prussien; ce que voyant, les ordonnances du prince disparurent. » (Parquin, *Souvenirs et Campagnes*, p. 61.) Dans le livre *De l'Allemagne*, 1ʳᵉ partie, ch. xvii, madame de Staël a rendu hommage à la mort héroïque du prince Louis. La censure, en 1810, exigea la suppression de cet éloge.

2. 14 octobre 1806.

ordres pour le prompt départ de ses enfants; puis montant de nouveau en voiture elle partit en annonçant l'intention d'aller attendre le roi à Küstrin [1]. Immédiatement après son départ, toute la famille royale quitta Berlin. Ma marraine me fit dire qu'il serait imprudent de rester dans une ville qui, bientôt, allait être occupée... qu'il fallait partir et aller à Danzig où elle se rendait, ainsi que le prince royal. En effet, il eût été hors de toutes convenances de continuer à habiter, seule avec ma gouvernante, une vaste maison dont des officiers français allaient s'emparer. Mon désir de partir était encore augmenté par la crainte que j'avais d'être privée, pendant longtemps, de toute communication avec ma mère; comment, d'ailleurs, ne pas suivre le sort d'une malheureuse famille à laquelle j'étais dévouée... Notre résolution fut bientôt prise, mais les obstacles matériels qui s'opposaient à notre départ étaient infinis. Après

1. Ville forte de 16 000 habitants, située au confluent de la Warthe et de l'Oder. Le roi et la reine de Prusse traversèrent Küstrin le 26 octobre. Le général d'Insgersleben, qui commandait la place, jura à son souverain en fuite de résister jusqu'à la mort. Trois jours après, voyant venir l'avant-garde du maréchal Davout, il invita les Français à prendre possession de la forteresse.

avoir jeté pêle-mêle nos effets dans nos malles que l'on avait beaucoup de peine à placer sur des voitures de ville, occupation qui nous prit deux heures, nous partîmes avec mes chevaux; ceux de la poste étaient tous employés par le service de la famille royale. Nous cheminions si lentement que nous craignions toujours d'être poursuivies par les ennemis, et que nous n'osions mettre la tête à la portière de peur d'apercevoir quelques éclaireurs français.

A Freienwalde [1], le premier relais en quittant Berlin, pendant que nous cherchions vainement à fléchir le maître de poste pour avoir des chevaux, le roi arriva; nous étions si inquiets sur son sort que nous jetâmes des cris de joie en voyant sa voiture au milieu de celles qui couvraient la route! Dans ces premiers moments de peur, les personnes les moins exposées avaient fui comme celles qui l'étaient davantage; sans argent, sans ressources, dans de mauvaises charrettes, on voyait des fa-

1. Au N.-E. de Berlin, dans la direction de Stettin. Le 29 octobre, la place de Stettin, défendue par une garnison de six mille hommes et cent soixante canons, capitula sans combat devant une brigade de cavalerie légère commandée par le général Lassalle.

milles entières encombrer les villes et les villages.
Ce spectacle devait être d'autant plus déchirant,
pour le roi, que son peuple ne l'a jamais, un
seul moment, accusé de ses malheurs.

Au passage d'un bac, près de Stargard[1], nous
rejoignîmes le prince royal et apprîmes l'entrée
de Napoléon à Berlin...

Arrivée à Danzig, j'écrivis à ma mère, pour
lui dire où j'étais et lui demander ses projets. Sa
réponse ne m'y trouva plus; car les projets de
l'armée française nous obligèrent à quitter cette
ville que l'on s'apprêtait à défendre. Toute l'émigration s'établit alors à Kœnigsberg où l'on était
fort mal; la trop grande affluence du monde faisait que l'on y manquait de tout. Nous étions
assez près de la Courlande, et l'on nous conseilla
d'aller rejoindre ma mère; nous nous mîmes, en
effet, en route. Les adieux de tous mes jeunes
amis, le manque de nouvelles de maman, la saison avancée qui rendait le froid très vif, et la
sombre tristesse des côtes de la Baltique, rendirent ce voyage le plus pénible qu'on puisse

1. Dans la Poméranie orientale. Stargard est située sur
l'Inha, affluent de l'Oder.

imaginer. De Kœnigsberg à Memel, on suit le bord de la mer pendant quarante lieues, à travers des sables mouvants qui arrêteraient à chaque pas, si l'on négligeait la précaution de se tenir toujours assez près de la mer pour être touché par la lame. Mais au mois de novembre la Baltique est très orageuse et les vagues couvraient notre voiture de manière à faire craindre qu'elle ne fût entraînée dans les flots: Quelques sapins, de petits coquillages, de grands morceaux d'ambre, quelques mauvaises cabanes de pêcheurs, qui offrent de loin en loin un triste asile, voilà ce que l'on trouve sur cette plage déserte. Le soir du second jour de notre voyage nous arrivâmes à la pointe du Strand qui est séparé de Memel par le Kurische Haff. La mer était trop mauvaise pour qu'aucune embarcation voulût se charger de nous ; et un froid très vif ne nous permettait pas de passer la nuit dans notre voiture. Nous fûmes donc obligées d'entrer dans un horrible petit cabaret où nous ne vîmes que des matelots qui se grisaient en attendant le jour. Pendant qu'à moitié cachée derrière un énorme poêle, je cherchais à m'endormir, nous vîmes entrer dans ce taudis, un homme courageux qui arrivait de Memel, dans une barque qu'il s'était procurée à force d'argent. Nos gens lui avaient appris mon nom, et c'était moi qu'il cherchait. Ma mère prévenue de mon arrivée par une lettre, et sachant tout ce que le voyage offrait de pénible, dans cette saison, avait prié un ancien serviteur de mon père, M. de Butler, de venir à ma rencontre. Elle m'écrivait par lui et m'envoyait toutes sortes de provisions, parmi lesquelles de bonnes fourrures, dont la précipitation de notre départ ne nous avait pas laissé le temps de nous munir, furent les mieux accueillies.

Je trouvais sur ma route une partie du bon accueil qui avait réjoui le cœur de ma mère; aucun souvenir particulier ne se rattachait à moi, mais j'étais sa fille, et le nom de princesse de Courlande, que je n'avais pas encore changé, me valait toute sorte de témoignages d'affection.

Cependant ces contrées, déjà couvertes de neige, me paraissaient bien tristes. Les paysans ne vivent pas réunis dans des villages; chaque ménage a pour demeure trois cabanes : l'une renferme les lits, l'autre la cuisine, et la troisième le bain. Ces petites habitations, souvent séparées les unes des autres de plus d'un quart de lieue, donnent au pays un aspect désert.

L'homme du peuple ne possédant rien en propre est heureux ou malheureux, pauvre ou riche, selon que le maître dont il est serf, le traite plus ou moins bien. L'esclavage, lors même qu'il est adouci, rend servile et donne l'air faux ou découragé. Je remarquais toujours, sur les figures de ces pauvres gens, une de ces deux expressions. La manière dont ils se jetaient à mes genoux, dans la neige, pour me baiser les pieds, m'était odieuse. Je souffrais, j'étais humiliée de tant d'abjection. Les hommes, en général, sont fort blonds, leurs cheveux de filasse tombent en désordre sur leurs épaules, leur visage est sans mouvement, leurs vêtements sont négligés ; à tout prendre, je trouvais cette race laide, éteinte et sale. Je ne parlais pas la langue slavonne, mes gestes, mes regards, auxquels je joignais quelque argent, exprimaient très imparfaitement mon désir de les bien accueillir ; cependant ils paraissaient contents. Les femmes, traitées plus doucement et par conséquent moins aviles, sont aussi moins bornées ;

elles me chantaient, en improvisant, des espèces d'hymnes en mon honneur; je me faisais expliquer leur langage cadencé, dans lequel je trouvais d'assez belles images et des comparaisons assez heureuses.

La noblesse du pays remonte aux anciens chevaliers de l'ordre Teutonique qui, s'étant rendus maîtres de la Courlande, y portèrent le christianisme et un peu de civilisation. Fiers de leur noblesse antique et sans tache, très riches, très hospitaliers, en général d'une taille haute et élégante, pleins de courage, remuants et factieux, les seigneurs courlandais ne supportaient guère mieux le joug russe, qu'ils ne se plaisaient sous celui de la Pologne et de leurs anciens ducs.

On me mena à la campagne chez l'aîné des frères de ma mère; ce fut là que j'eus le bonheur de la retrouver. Je vis un grand château bâti en pierres, ce qui dans le nord reculé est rare, et le parc me parut beau, quoiqu'il fût couvert de neige. Cinquante gentilshommes avec tous leurs gens et leurs chevaux, grandement défrayés, étaient depuis un mois réunis pour chasser l'élan et faire huit ou dix repas par jour. Je n'ai jamais

vu ni autant ni si souvent manger qu'en Courlande; on mange parce qu'on a faim, on mange
parce qu'on s'ennuie, on mange parce qu'on a
froid, enfin on mange toujours. Les soins agri-
coles, la chasse, les courses en traîneaux, voilà
ce qui remplit la vie des hommes. Les femmes,
presque toutes jolies, extrêmement ignorantes et
très ennuyeuses, sont d'excellentes ménagères et
des mères de famille parfaites. Ma tante, malgré
ses trente mille livres de rente, surveillait sa cui-
sinière, préparait le dessert, recevait le beurre
et les œufs des fermiers, ourlait des torchons, ou
bien tricotait les bas de son mari et de ses enfants. Tout le luxe est dans l'abondance ; la bon-
homie tient lieu de grâces et les qualités se
montrent à nu comme les défauts.

Le froid de Berlin ne m'avait qu'imparfaitement préparée à celui de la Courlande, aussi je
me refusais à sortir de la maison que l'on savait
rendre chaude et confortable, malgré 28 degrés
de froid. Privée, par conséquent, de tout exercice,
n'ayant pu me procurer d'autre lecture que celle
d'un livre de prière, loin de mes amis et ignorant
leur sort, m'ennuyant fort de la conversation de

mes tantes et de mes cousins, j'attendais, avec impatience, la fin de notre exil; nous espérions encore à cette époque une paix prochaine et honorable, dont notre départ eût été la suite.

Ma mère sentait moins vivement les privations dont je me plaignais, et me savait assez mauvais gré de la déplaisance que je montrais au milieu de sa famille et de sa patrie; aussi fut-elle bien moins affligée que moi lorsque la guerre reprenant une nouvelle activité nous obligea à penser sérieusement à un établissement d'hiver. Un de mes oncles nous céda sa maison de Mittau, la plus belle de la ville et qui, partout, serait une belle maison; mais elle était située au bord de la rivière, dans un quartier isolé, et en face du château délabré. J'avais prévu que nous serions bien tristement, et chaque jour augmentait mon dégoût et mes regrets. Le revenu de ma mère, aux trois quarts en Russie, lui permettait de ne rien diminuer de sa dépense, mais moi, de qui les terres, situées en Prusse, étaient dévastées par l'armée française, je me trouvais à sa charge, ce qui ne m'était jamais arrivé et ne plaisait guère à mon indépendance...

Toujours en opposition de goûts et d'opinions, elle me montrait de l'impatience qui me paraissait de l'injustice; en un mot, nous étions chaque jour plus loin de nous entendre, ma mère et moi, lorsque l'abbé Piattoli arriva de Pétersbourg. Son retour, en m'offrant toutes les ressources de l'amitié et d'une société instructive et douce, me réconcilia un peu avec la Courlande et me fit prendre surtout une manière d'être plus convenable dans le salon de ma mère. L'abbé ne s'occupait plus, à proprement parler, de mon éducation; j'allais souvent causer dans sa chambre et il bornait ses leçons à diriger le choix de mes lectures et à me faire rendre compte des impressions qui m'en étaient restées. D'ailleurs, que de questions n'avais-je pas à faire, sur le princé Czartoryski. L'abbé ne se faisait pas prier pour répondre, il vantait son ami, me disait qu'il était fort curieux de me voir, mais que, toujours effrayé du grand nombre d'années qu'il avait de plus que moi, il trouvait peu de vraisemblance à ce qu'une très jeune personne s'arrangeât des goûts sérieux d'un homme attristé par de longs malheurs. Au lieu de sentir que le prince pourrait avoir raison, je me disais avec bonheur que j'avais les goûts de l'âge mûr et à force de me le répéter et de mettre du soin à me vieillir, j'arrivai, en effet, à perdre, momentanément, le peu de jeunesse qui me restait dans la conversation et dans les manières. Je ne lisais plus que des livres sérieux et crus découvrir un trésor dans un vieux professeur de mathématiques avec lequel je faisais de l'algèbre quatre heures par jour. Si, dans le cours de ma vie, on a pu s'étonner qu'une grande différence d'âge ne me parût qu'un léger inconvénient dans les différents rapports de la vie, il faut se reporter à ce temps où, au sortir de l'enfance, j'accoutumais mon esprit à l'idée d'épouser un homme qui avait vingt-cinq ans de plus que moi. Non seulement je me familia-risais avec cette pensée, mais je l'accueillais par une sorte d'amour-propre qui me faisait croire que je me grandissais en me singularisant. Dès que l'abbé eut mis mon imagination dans cette route, je cessai de m'ennuyer : les jours se passaient en projets et la nuit, dans mes rêves, je me voyais toujours consolant des tourments de l'amour un homme excellent, en effet, mais dont je faisais alors un parfait héros de roman. Sachant qu'il aimait l'instruction, je repris mes études avec une nouvelle ardeur; enfin je n'eus plus qu'une seule pensée, celle de prendre l'air posé, les goûts et jusqu'au langage qui devaient plaire au prince Adam. Cette exaltation, fort déplacée sans doute, eut du moins l'avantage de me faire supporter avec patience mon séjour en Courlande; il est juste aussi de dire que Mittau n'était pas sans intérêt: placés sur la route de tous les courriers, nous avions les nouvelles les plus fraîches des armées et de la cour de Prusse, qui, obligée d'abandonner Kœnigsberg aux Français, s'était retirée à Memel. Mais l'avantage d'être près des nouvelles était grandement compensé par le passage continuel des troupes qui rejoignaient l'armée et des convois de malades et de blessés qui venaient se faire panser, pour la première fois, à cent lieues du théâtre de la guerre. Je voyais passer sans cesse, sous mes fenêtres, de pauvres soldats couverts de vermine, se traînant à peine et qui mendiaient quelques secours en montrant leurs plaies envenimées, pansées avec du gros chanvre. La mauvaise administration des hôpitaux militaires russes faisait horreur; ma mère, affligée de tant de négligence et révoltée de tant de dureté, établit à ses frais un hôpital, dont les soins nous occupèrent beaucoup. Je quittai l'algèbre pour faire de la charpie et, sûrement, c'était mieux employer mon temps. Les prisonniers français, absolument délaissés, furent secourus dans leur misère par d'augustes mains. Madame la duchesse d'Angoulême, plus sensible alors aux malheurs des Français qu'elle ne le fut après avoir revu la France, faisait distribuer par l'abbé Edgeworth qui mourut, comme on sait, victime de son zèle[1], des dons et surtout des consolations à ces infortunés qui périssaient à la fois de maladies cruelles et du manque absolu de soins. Il était interdit de parler devant Madame Royale des revers de l'armée française et le sentiment national qui avait dicté cette règle était toujours respecté; on admirait la fille de Louis XVI, proscrite, le cœur déchiré par d'affreux souvenirs, cédant à la pitié envers des Français que les seuls

1. L'abbé Edgeworth, qui avait assisté Louis XVI à ses derniers moments, mourut à Mittau le 22 mai 1807, des suites de la fièvre typhoïde qu'il avait contractée en soignant les prisonniers français.

malheurs de la guerre avaient conduits sur une
terre étrangère. Que l'auréole du malheur lui
seyait bien! Hélas! par quelle fatalité était-il
réservé au bonheur de détruire les droits que
cette princesse si grande, si résignée, si noble, si
touchante dans l'adversité avait acquis à la
reconnaissance de la France et à l'admiration
du monde[1]. J'avais souvent à Mittau l'honneur

1. Daniel Stern (madame d'Agoult) fait de la duchesse d'Angoulême le portrait suivant (1827) :

« Madame Royale, duchesse d'Angoulême, qui portait, malgré
sa maturité — elle avait alors quarante-six ans — depuis
l'avènement de son beau-père, le titre juvénile de Dauphine.
n'était pas douée des agréments d'esprit et des manières qui
avaient rendu si attrayants l'entretien et la familiarité de
Marie-Antoinette. Elle n'y prétendait pas, loin de là. Quelque
chose en elle protestait contre ses grâces imprudentes auxquelles certaines gens, parmi les royalistes, imputaient les
malheurs de la Révolution. Marie-Thérèse de France, au
moment de son mariage — à Mittau, le 10 juin 1799 — avec
son cousin germain, Louis-Antoine, duc d'Angoulême, avait
une noblesse de traits, un éclat de carnation et de chevelure
qui rappelait, disait-on, l'éblouissante beauté de sa mère. J'ai
porté longtemps en bague une petite miniature qu'elle avait
donnée, à Hartwell, à la vicomtesse d'Agoult; on l'y voit
blonde et blanche, avec des yeux bleus très doux. Mais peu
à peu, en prenant de l'âge, ce qu'elle tenait de son père s'était
accentué : la taille épaisse, le nez busqué, la voix rauque, la
parole brève, l'abord malgracieux. Dans les adversités d'un
destin toujours contraire, sous la perpétuelle menace d'un
avenir toujours sombre, dans la prison, dans la proscription,
Madame Royale s'était cuirassée d'airain. Sa volonté, toujours
debout, refoulait incessamment, comme une faiblesse indigne
de la fille des rois, la sensibilité naturelle à son âme profonde.
Simple et droite, courageuse et généreuse comme il a été

de la voir : d'abord chez ma mère, où elle ne
venait jamais sans me demander, à la promenade,
où elle me rencontrait quelquefois, dans son
intérieur, où elle m'admettait avec bonté, mais
plus souvent encore à dîner chez le roi [1]. Nous
avons vu, en France, Louis XVIII aimer tellement
je ne dis pas M. Decazes, mais tous les cousins de
M. Decazes et, depuis, avoir tant de goût pour
les petits Du Cayla que ma vanité ne saurait
être flattée aujourd'hui du bon accueil que je
recevais alors, et que je devais uniquement, je

donné de l'être à peu de femmes ; intrépide dans les résolutions les plus hardies ; ne cherchant, ne voulant, ne connais-
sant que le devoir ; fidèle en amitié, capable des plus grands
sacrifices, charitable sans mesure et sans fin ; malgré tant de
vertus, Marie-Thérèse ne sut pas se rendre aimable ; elle ne fut
point aimée des Français, comme elle eût mérité de l'être. La
France, qu'elle chérissait avec une tendresse douloureuse, ne
lui pardonna jamais d'être triste. Ni son mari qui se pliait à
sa supériorité, ni le roi son oncle, ni le roi son beau-père qui
lui rendaient hommage, ni les serviteurs dévoués qui l'admi-
raient, ne pénétrèrent, je le crois, le secret passionné de cette
âme héroïque. La maternité lui manqua. Elle vécut et mourut
connue de Dieu seul » (*Mes Souvenirs*, p. 274).

1. Il s'agit ici du second séjour de Louis XVIII à Milau, qui
dura de janvier 1805 à septembre 1807. Il y avait déjà séjourné
de mars 1798 à janvier 1801. Sur l'ordre de Paul Ier, le comte
de Provence, avec sa petite cour, avait quitté la capitale du
duché de Courlande et s'était rendu à Varsovie. L'empereur
Alexandre Ier le rappela à Mittau et lui servit, au début, une
pension d'environ 200 000 roubles. Voir l'ouvrage très documenté de M. Ernest Daudet, *Histoire de l'Émigration*, t. III.

l'ai compris depuis, à l'amitié fort tendre qui s'était établie entre M. d'Avaray, son favori de cette époque, et ma gouvernante. Nous voyons tous les jours par combien d'attentions éloignées le roi sait montrer ses faveurs; je les avais obtenues en qualité d'élève de l'amie de son favori. Je ne puis avoir de doute à cet égard, puisque le roi ne m'a jamais montré le plus léger souvenir de ses anciennes bontés, et qu'il m'a parlé plusieurs fois avec intérêt de mademoiselle Hoffmann; je dois ajouter qu'il avait déjà parlé d'elle à M. de Talleyrand en 1814, le jour même où celui-ci fut à sa rencontre, à Compiègne[1]. On conviendra que c'est montrer à la fois une mémoire bien exacte et bien incomplète.

1. Le prince de Talleyrand, dans ses *Mémoires*, fait de son entrevue avec Louis XVIII, à Compiègne, le récit suivant : « Il était dans son cabinet. M. de Duras m'y conduisit. Le roi, en me voyant, me tendit la main et de la manière la plus aimable et même la plus affectueuse me dit : — Je suis bien aise de vous voir: nos maisons datent de la même époque. Mes ancêtres ont été les plus habiles : si les vôtres l'avaient été plus que les miens, vous me diriez aujourd'hui : Prenez une chaise, approchez-vous de moi, parlons de nos affaires; aujourd'hui c'est moi qui vous dit: Asseyez-vous et causons... Je fis bientôt après le plaisir à l'archevêque de Reims, mon oncle, de lui rapporter les paroles du roi, obligeantes pour toute notre famille... Je rendis compte au roi de l'état où il trouverait les choses. Cette première conversation fut fort longue (t. II, p. 169).

M. d'Avaray venait sans cesse nous dire, de la part de son Maître, d'aller dîner au château. Le roi me prenait sur ses genoux, m'embrassait, me nommait, à cause de mes yeux noirs, sa petite Italienne, me questionnait sur mes études, en un mot, me faisait mille grâces[1] dont je me souviens avec étonnement, lorsque je passe maintenant comme une ombre deux fois l'année devant son fauteuil.

Tous les vieux courtisans de l'émigration réunis à Mittau[2] venaient beaucoup plus chez

---

1. Voici ce qu'écrit sur ce sujet et à cette époque, l'auteur de ces *Mémoires* :

Mittau, le 11 février 1807.

« Ma bonne Jeanne, j'ai appris avec grand plaisir par tes lettres à maman que tu te portes bien. Tu n'as certainement pas cru que nous célébrerions le jour de naissance de notre chère maman dans Mittau ; nous avons été tout à fait tristes ce jour-là, d'abord par mille souvenirs et parce que tu n'y étais pas... J'ai vu la duchesse d'Angoulême qui est bien aimable et que je trouve très belle ; Louis XVIII est aussi aimable. La Duchesse m'a demandé laquelle de mes sœurs j'aimais le plus et j'ai dit que c'était toi parce que je te connaissais le plus et parce que tu étais bien bonne. Je te prie d'embrasser Pauline et de faire mes complimens à la Maynard et à la Costantini ; dis à cette dernière que je fais tous les jours mes gammes et mes passages. Adieu, chère et bonne Jeanne, je t'embrasse de tout mon cœur et t'aime comme je désire être aimée de toi.

» Ta DOROTHÉE. »

(*Lettre inédite.*)

2. Le baron Hüe, commissionnaire général de la maison

ma gouvernante que chez ma mère, de qui ils n'étaient pas contents; ils la trouvaient trop peu révoltée contre Bonaparte et craignaient les discussions politiques qui s'élevaient chez elle. Mon petit intérieur était alors ce que l'on nommerait maintenant *pur*; mais ce qui, en 1822, est synonyme d'absurde, n'était, en 1807, que le besoin de secouer un joug oppresseur et de rendre hommage au malheur qu'il était permis encore de croire non mérité.

Mademoiselle de Choisy [1] et madame de Sé-

du roi, donne la liste des émigrés qui étaient auprès de Louis XVIII durant son second séjour à Mittau. C'étaient : le duc de Gramont, le duc de Piennes, le duc d'Havré, le comte de la Chapelle, le marquis de Bonnay, le comte de Damas, la comtesse de Narbonne, la comtesse de Choisy, la duchesse de Sérent, le comte et la comtesse de Damas-Crux, l'abbé Edgeworth, l'abbé Fleuriel, l'abbé Destournelles, M. Le Fèvre, etc.

« La suite de Sa Majesté comprenait alors 43 personnes tant maîtres que domestiques » (*Souvenirs du baron Hüe*, 1 vol. in-8°, 1904, p. 252).

1. Mademoiselle Henriette de Choisy était fille de ce marquis de Choisy qui, se trouvant à Vienne au moment du premier partage de la Pologne, se mit en tête de revendiquer une part pour la France. Avec 1 200 insurgés polonais il s'empara de Cracovie, en prit possession au nom du roi Louis XV qui désavoua Choisy (février 1772). Sans tenir compte du désaveu du roi, il garda avec lui 600 Polonais et 25 gentilshommes français et avec 4 canons en fer soutint le siège durant tout le mois de mars contre 18 000 Russes. Mademoiselle de Choisy était émigrée à Vienne quand, sur la recommandation du car-

rent[1] ne quittaient jamais le château, mais madame de Damas[2] allait un peu dans la société; il me semble qu'elle était moins maniérée qu'elle ne l'est à présent; je suis sûre du moins que ses toilettes étaient plus simples et qu'elle n'avait point encore adopté ces mentonnières de perles, de fourrures, de plumes et de fleurs, qui lui donnent une figure si bizarre et que les yeux observateurs de l'enfance auraient sûrement remarquées.

Madame de Narbonne[3] restait avec la reine[4], lorsque Sa Majesté, ce qui arrivait souvent, ne préférait pas s'enfermer avec ses femmes...

Je n'ai jamais vu une femme plus laide ni plus sale. Les cheveux gris, coupés en hérisson, étaient couverts d'un mauvais chapeau de paille tout

dinal de la Fare, Madame Royale qui allait gagner Mittau pour épouser le duc d'Angoulême se l'attacha comme dame d'honneur (1799) (*Souvenirs de la baronne du Montet*, 1 vol. in-8°, pp. 24-29).

1. Félicité de Montmorency, duchesse de Sérent, ancienne dame d'atours de Madame Élisabeth. Le duc de Sérent était ancien gouverneur des ducs d'Angoulême et de Berri.

2. La comtesse de Damas-Crux était fille de la duchesse de Sérent. Le comte de Damas (1738-1829) dirigeait avec d'Avaray la maison militaire de Monsieur, Comte de Provence.

3. La comtesse de Narbonne, dame d'honneur de la duchesse d'Angoulême, était femme du comte, puis duc de Narbonne-Pelet et, comme madame de Damas, fille de la duchesse de Sérent.

4. Marie-Joséphine Louise de Savoie.

déchiré; son visage était long, maigre et jaune; sa taille, petite et grosse, soutenait je ne sais trop comment un jupon sale sur lequel flottait un petit mantelet de taffetas noir, tout en loques; elle me fit peur la première fois que je la vis. — La messe, vêpres, le salut, la chasse occupaient M. le duc d'Angoulême à Mittau comme à Paris. Le duc de Gramont cherchait partout un bon dîner, M. d'Agoult soignait déjà mademoiselle de Choisy[1]. A tout considérer, si on n'avait pas été aveuglé par le besoin de trouver intéressants des gens malheureux, on les aurait jugés à Mittau comme nous les jugeons aux Tuileries.

Si ce jugement est maintenant moins indulgent que ne l'était celui que je portais à cette époque, je ne dois pas l'étendre à un vertueux prélat qui n'a rien perdu de la vénération qu'il inspirait alors par l'éclat des honneurs auxquels l'opinion publique l'a appelé depuis. L'archevêque de Reims[2] était le seul des serviteurs du roi qui

1. Mademoiselle de Choisy épousa en 1815 seulement le vicomte d'Agoult, premier écuyer de la duchesse d'Angoulême, et en cette qualité devint dame d'atours de Madame la Dauphine (Daniel Stern, *Souvenirs*, pp. 269 et suiv.).

2. Alexandre de Talleyrand, né en 1736, archevêque-duc de

conservât de la dignité dans le malheur. Sa belle figure, ses nobles manières, étaient l'ornement de la Cour du monarque exilé; je ne m'approchais de lui qu'avec respect, quoique je fusse aussi éloignée de croire qu'il aurait un jour une influence réelle sur ma vie, qu'il était lui-même loin de penser que cette jeune personne si cajolée, si brillante dût un jour soigner et peut-être embellir ses dernières années.

M. d'Avaray, petit, fort laid, toujours malade, avait un peu d'esprit, assez d'ambition et beaucoup d'intrigue; il venait se faire soigner chez moi, et s'y reposait de la faveur dont il était à la fois jaloux et fatigué. Quel était cependant le véritable motif qui attirait le favori dans l'intérieur d'une jeune personne et de sa gouvernante? Les temps sont si changés que j'éprouve quelque embarras à le dire. En se reportant à l'époque dont je parle, on a pu voir que j'étais regardée comme fort grande dame et comme une riche

Reims (1777). Il avait été député aux États-Généraux (1789). Ayant refusé sa démission en 1801, il fut appelé par Louis XVIII à Mittau en 1803, devint grand aumônier en 1808, pair de France en 1814, cardinal en 1817 et mourut archevêque de Paris en 1821. Il était l'oncle paternel du prince de Talleyrand.

héritière par une famille dont les malheurs suspendaient la fierté et que de nombreux besoins rendaient sensible à la fortune. D'ailleurs les espérances des Bourbons diminuaient chaque jour, les souverains se réconciliaient chaque jour avec Napoléon, ils le reconnaissaient et jamais dynastie ne parut mieux affermie que la sienne.

Dans cet état de choses, M. le duc de Berry, alors en Angleterre, n'était pas facile à marier; on désirait cependant qu'il eût des enfants et qu'une femme riche vînt adoucir les rigueurs de l'émigration. Le choix du roi, ou plutôt celui de M. d'Avaray, tomba sur moi. Mademoiselle Hoffmann, dont l'amour-propre était si aisé à flatter, touchée des soins de M. d'Avaray et des bontés du roi, devint infidèle à ses premiers vœux; elle cessa de me parler du prince Czartoryski et promit de me faire abandonner tout projet qui pourrait contrarier celui qu'on présentait.

La guerre finie, M. le duc de Berry devait venir à Mittau et la grande question s'y déciderait. Ne professant aucun culte, il aurait été facile de me faire changer de religion et ce point, ainsi que le fond de l'affaire, étaient convenus à mon insu. Je n'ai eu connaissance de ces arrangements que beaucoup plus tard, par les lettres que **M.** d'Avaray écrivait à ma gouvernante, de Strasbourg et de Suède, où il avait suivi Louis XVIII et par quelques mots de regret échappés à mademoiselle Hoffmann lorsque la famille royale ayant rejoint le roi en Angleterre, les communications se trouvèrent coupées et qu'elle ne reçut plus aucune nouvelle. Ce ne fut même qu'après la mort de **M.** d'Avaray qu'elle me montra les lettres qu'il lui avait écrites et m'expliqua l'espèce de chiffre dont il se servait.

La personne de **M.** le duc de Berry ne m'a jamais, depuis, inspiré de regret. J'avoue cependant que le rôle politique que sa femme pouvait être appelée à jouer aurait plu à mon ambition. Je ne sais si j'aurais convenu au prince; mais j'ai souvent pensé que ne plaçant pas mon origine dans les nuages et ne me croyant pas précisément et entièrement une émanation de la Divinité, j'aurais pu être assez utilement le lien intermédiaire entre ces demi-dieux et le reste des humains[1].

[1]. Le duc de Berry avait dû épouser aussi, en 1798, Anna Tyszkiewicz, devenue plus tard comtesse Potocka. « Était-ce, dit-elle dans ses *Mémoires*, à la suite d'un projet éphémère ou simplement pour se rendre agréable et payer de cette manière la réception royale qu'on avait faite à son maître (Louis XVIII), je ne sais, mais avant de quitter Bialystok, le comte d'Avaray proposa à ma mère de me marier au duc de Berry... » (p. 21). Le duc de Berry épousa, en 1816, Marie-Caroline princesse des Deux-Siciles.

VIII

Cependant, l'hiver était fini et, sans printemps,
nous étions arrivés à un été brûlant. On annonçait l'entrevue de Tilsit et l'on commençait à
parler de paix. Le prince Czartoryski qui, jusquelà, avait toujours suivi l'empereur Alexandre,
voyant que le système français, auquel il était
opposé, allait prévaloir, donna sa démission.
Rester à proximité des nouvelles, retrouver son
ami Piattoli et voir enfin cette jeune personne
dont il serait peut-être un jour le mari, tels furent
les motifs qui l'engagèrent à attendre à Mittau
l'issue des conférences. Je sentis pour la première
fois de l'embarras et une extrême timidité, lors-

qu'en entrant à l'heure du dîner dans le salon de ma mère, je vis le prince et qu'à table ma place se trouva à côté de la sienne. Pendant les trois semaines qu'il resta à Mittau, il n'eut d'autre maison que celle de ma mère, non qu'elle voulût encourager ses vues sur moi, mais parce qu'elle fut enchantée de saisir une occasion de se montrer reconnaissante des bons offices qu'il lui avait rendus à Pétersbourg.

Le prince m'a assuré, depuis, qu'il m'avait trouvée agréable; je ne sais s'il m'a dit vrai, car je ne remarquais alors en lui qu'une grande attention à m'examiner. Il ne m'adressait jamais la parole et, la veille de son départ seulement, il me demanda, avec une sorte d'instance, de retourner à Berlin, par Varsovie; sa mère était dans cette dernière ville et il désirait qu'elle me vît.

Les manières froides, le silence presque maussade du prince Adam et l'examen dont il me rendait l'objet, auraient dû éloigner une personne moins prévenue en sa faveur. Le contraire arriva; sa gravité, son air sombre m'intéressaient, je croyais saisir sur son visage les traces de grandes passions, de malheurs touchants, et je ne voyais dans son regard observateur qu'une curiosité flatteuse. J'étais trop jeune pour m'attendre à une proposition formelle. Le prince, tout en souhaitant de la faire bientôt, voulut avant de prendre une sorte d'engagement, que sa mère, qu'il adorait, m'eût vue et eût approuvé son choix. Assuré de son consentement, il aurait à l'instant demandé celui de ma mère qui, sans motifs suffisants à opposer, me voyait avec déplaisir au moment d'entrer dans une famille qui avait la réputation de n'être pas facile à vivre et qui, de plus, professait une sorte de dédain pour ce qui était allemand.

Pendant que nous étions silencieusement à nous observer et à nous deviner, le traité de Tilsit[1] fut rendu public et bientôt l'empereur traversa Mittau pour retourner dans sa capitale. Il s'arrêta chez ma mère, fut charmant pour elle et pour moi, et m'aurait complètement enchantée si je ne lui eusse trouvé de la froideur pour le prince Adam dont les opinions politiques, trop

1. Juillet 1807.

différentes de celles qu'Alexandre rapportait de Tilsit, n'avaient été pour ce monarque aussi déplaisantes qu'importunes.

Le prince Czartoryski suivit l'empereur à Pétersbourg où il voulut terminer quelques affaires; son projet était de quitter ensuite le service de Russie et de venir en Allemagne où il annonçait sa visite à ma mère.

Après son départ, nous ne restâmes à Mittau que le temps nécessaire pour laisser les troupes se retirer et ne pas rencontrer trop d'obstacles sur la route. Je quittai sans regrets la Courlande au mois de septembre 1807 et ma mère me suivit six semaines plus tard. Mon désir était, sans aucun doute, de traverser la Pologne et de voir la vieille princesse Czartoryska. Mais l'abbé Piattoli, que je ne revis qu'un an après et qui alors était à Pétersbourg pour y suivre quelques petites affaires, n'avait pu me donner ses conseils sur le voyage que j'allais entreprendre : ma mère, que j'avais consultée, avait gardé le silence et montrait ne vouloir se mêler en rien de cette question. Il ne me restait que mademoiselle Hoffmann qui, depuis quelque temps n'entendant plus parler de M. d'Avaray, avait repris ses premiers projets. Elle était enchantée de me suivre et si des impossibilités matérielles, suites inévitables de la guerre, ne m'avaient pas fermé la porte de Varsovie, je serais parvenue à connaître cette mère impérieuse qui, sous le prétexte de ne vouloir se décider qu'après m'avoir vue, a contrarié les projets de son fils jusqu'à ce qu'ils fussent impossibles à réaliser.

Nous reprîmes le chemin par lequel nous étions venues de Berlin. Les sentiments qui nous avaient portées à fuir, n'étaient pas changés et nous prévoyions... que partout sur notre passage nous trouverions les Français maîtres du pays. A peine Napoléon avait-il laissé à la famille royale la ville de Memel, pour y attendre que d'énormes contributions eussent racheté la liberté du royaume. Je passai un jour dans cette ville, auprès de la princesse Louise; nous pleurâmes ensemble, sur son frère[1]... J'eus aussi l'honneur de voir la reine : qu'elle me parut touchante! qu'elle était grande dans le malheur! Forcée au cœur de l'hiver

---

1. Le prince Louis-Ferdinand.

et au troisième accès d'une fièvre putride de quitter Kœnigsberg qui était menacé par les Français, elle avait été transportée mourante à Memel ; échappée comme par miracle à des crises si dangereuses, elle ne reprit jamais sa santé première et conserva, depuis cette maladie, le germe destructeur qui, à la fleur de l'âge, la conduisit au tombeau [1]. Lorsque je la vis à Memel elle était encore profondément blessée de l'inutilité de son voyage à Tilsit [2] ; ses devoirs de reine, d'épouse et de mère avaient eu seuls le pouvoir de lui faire oublier les injures dont elle avait été si injustement l'objet et de la déterminer à une démarche qui fit tant souffrir sa dignité [3]. Dans ce voyage elle força

1. La reine Louise mourut le 19 juillet 1810 ; elle était née le 10 mars 1776.

2. Du 6 au 9 juillet 1807. Voir sur le voyage de la reine Louise à Tilsit et son entrevue avec Napoléon l'ouvrage de M. Albert Vandal, *Napoléon et Alexandre Ier; de Tilsit à Erfurt*, 1 vol. in-8°, 1891, pp. 94-99.

3. Vers ce même temps (été de 1808) la reine Louise écrit à madame de Berg : « Je souffre infiniment. Ah ! trop souvent des reproches tombent sur moi, sur moi qui porte, comme Atlas le monde, un fardeau de souffrances. Que ne puis-je répondre ? Je pleure et j'étouffe mes larmes. Il y eut un an avant-hier que j'eus ma première entrevue avec Napoléon, hier il y eut un an que j'eus ma dernière avec lui. Ah ! quel souvenir ! Ce que j'ai souffert là, je l'ai souffert beaucoup plus pour d'autres que pour moi-même. Je pleurais, je priais au nom de l'amour et de l'humanité, au nom de notre malheur

ses plus cruels détracteurs à rendre hommage à l'éclat de sa beauté et à la grâce incomparable de ses manières, et surtout à la noblesse de son langage et de ses sentiments. Du jour où l'empereur Napoléon vit la reine de Prusse, il cessa ses indécentes attaques[1] et ne parla d'elle qu'avec une sorte d'admiration et de respect. Il aurait désiré qu'elle fût son amie, parce qu'il redoutait sa puissance morale; il connaissait si bien l'influence que la reine pouvait exercer, qu'en apprenant sa mort il ne put s'empêcher de dire : « Me voilà avec une grande ennemie de moins. »

Quelle personne charmante que cette princesse! Jamais femme ne fut si heureuse dans son intérieur, jamais reine ne fut si persécutée sur son trône. Sa beauté était véritablement royale. Plus grande qu'on ne l'est ordinairement, sa taille était dans des proportions parfaites; ses épaules, sa poitrine, étaient incomparables; son teint était éblouissant; ses cheveux étaient à peine châtains,

et des lois qui gouvernent le monde. Et je n'étais qu'une femme, un être faible et pourtant supérieur à cet adversaire, si pauvre de cœur » (*Briefe der Königin Luise von Preussen*, recueillies par A. Martin, 1 vol., Berlin, 1887, lettre XXIX.)
1. Vandal, pp. 94.

son front était noble, ses yeux pleins de douceur, ses lèvres vermeilles; rien n'égalait l'élégance de son cou et des mouvements de sa tête; peut-être ses dents n'avaient-elles pas tout l'éclat que l'on aurait pu désirer; ses mains, quoique blanches, étaient un peu trop fortes, et son pied était plutôt mal. Mais que ces légères imperfections étaient grandement rachetées par l'ensemble majestueux de toute sa personne[1], Bonne à l'excès, polie comme je n'ai jamais vu personne l'être aussi bien, obligeante, souvent affectueuse, elle n'était jamais familière. Je l'ai vue parfois plus imposante que qui ce fut. Je ne sais si elle avait beaucoup

1. La beauté de la reine Louise produisit une grande impression sur tous ceux qui l'approchèrent, et de Gœthe à madame Vigée-Lebrun la liste est longue de ceux qui parlent d'elle avec un enthousiasme lyrique, comme d'une « apparition céleste ». « Il y avait dans le son de sa voix, dit le général de Ségur, une douceur si harmonieuse, dans ses paroles une séduction si aimable et si touchante, dans son attitude tant de charme et de majesté que, interdit pendant quelques instants, je me crus en présence d'une de ces apparitions dont les récits des temps fabuleux nous ont retracé l'image » (*Histoire et Mémoires*, t. II, p. 210). C'est à peine si l'on trouve quelques hérétiques du culte de cette beauté. Cependant quelques-uns osaient critiquer chez la reine Louise la longueur de ses pieds ou de ses mains et ils se trouvent, sur ce point, d'accord avec l'auteur de ces *Mémoires*. D'autres allaient jusqu'à affirmer que la banderole de gaze légère qui flottait toujours autour de son cou, avec une grâce que la peinture a illustrée, cachait ingénieusement des cicatrices (Arnim, *Vertraute Geschichte*, t. III, pp. 251-259.)

d'esprit, mais ses sentiments étaient toujours si nobles, elle se montrait toujours si bien inspirée, que je ne puis croire qu'elle en ait jamais manqué. Admirable pour le roi, dévouée à ses enfants, fille respectueuse, excellente sœur, amie parfaite et courageuse, passionnée pour l'honneur de son pays, elle faisait le bonheur de son intérieur, le charme de la cour et la gloire de ses sujets. Qu'ils étaient fiers ces sujets, lorsqu'elle paraissait en public, qu'elle se montrait au spectacle, et qu'elle y excitait l'admiration et peut-être l'envie des étrangers! Qu'ils étaient vifs et sincères les transports qui l'accueillaient! Le souvenir seul de cette princesse que l'Allemagne regardait comme martyre de la bonne cause a suffi pour électriser une généreuse jeunesse[1]... On invoquait la reine Louise, on se disait que du haut du ciel elle bénissait la noble entreprise dont le succès eût comblé tous ses vœux. Chantée par tous les poètes, représentée par tous les peintres[2], par tous les

---

1. Pendant la guerre de l'Indépendance (*Befreiungskrieg*).

2. Le portrait le plus populaire de la reine Louise est celui de Richter (musée de Cologne). On en voit des reproductions exposées aux vitrines de presque toutes les boutiques d'Allemagne. Au musée de Hohenzollern à Berlin il y a un autre

sculpteurs, mais vivante surtout dans le cœur de tout ce qui l'a connue, jamais on ne laissa autant de souvenirs, autant de regrets. Jamais on ne fut autant aimé, autant adoré. La malveillance l'accusait d'un goût de parure excessif et d'un peu de coquetterie. Quel goût de parure que celui qui se refusa toujours à porter les belles robes de dentelle que Napoléon lui avait envoyées! Un reproche plus grave lui a été adressé, celui d'avoir par d'imprudents conseils attiré sur la Prusse les malheurs d'une guerre longue et désastreuse. Mais elle-même a trouvé la plus noble excuse lorsqu'elle répondit à Bonaparte qui lui adressait si indélicatement le même reproche : « Sire, la gloire de Frédéric II nous avait égarés sur notre propre puissance. » Le jour où je la vis, hélas! pour la dernière fois à Memel, elle avait une robe très simple de mousseline blanche et portait à son cou un rang de perles; je les admirais : « Oui, me dit-elle, je me suis permis de les conserver : les perles, en Allemagne, signifient des larmes, elles peuvent me servir de parure. » En effet tous ses

portrait, moins célèbre mais fort beau, de la reine Louise représentée en amazone.

autres bijoux furent remis au Roi pour les besoins de l'État. Le noble exemple de la reine fut imité par beaucoup de femmes allemandes. Tous les vains ornements furent sacrifiés, jusqu'aux anneaux d'or, gages de la fidélité conjugale, qui furent remplacés par des anneaux de fer. Une jeune fille qui ne possédait rien qu'une chevelure magnifique la coupa, la vendit et porta au Trésor les dix écus, qu'elle en obtint [1].

Plusieurs années après la mort de la reine, le roi créa l'ordre de Louise [2], destiné uniquement aux femmes qui, par leurs efforts et leurs conseils, avaient puissamment contribué à la délivrance de la Prusse. Ma sœur aînée, qui avait levé et soudoyé une petite troupe de 500 hommes et recueilli dans son château un grand nombre de blessés qu'elle soigna pendant plusieurs mois, fut une des premières à recevoir et porter la croix de Louise.

1. L'histoire a conservé le nom de cette jeune fille ; elle s'appelait Ferdinande von Schmettau. Née en 1708, elle est morte en 1875. Le sacrifice qu'elle accomplit en 1813 est, encore aujourd'hui, mentionné dans les manuels d'histoire à l'usage des jeunes filles. En 1863, on en fêta le cinquantenaire.

2. Le 3 août 1814. L'ordre de Louise fut créé dans le but de récompenser cent dames ou demoiselles qui, pendant la « guerre d'indépendance », s'étaient distinguées par leur patriotisme. Les insignes sont la croix de Prusse avec l'initiale L au milieu et ruban blanc avec large liséré noir de chaque côté.

Je quittai Memel, désolée de me séparer de la famille royale et frémissant à l'idée de rencontrer à quelques lieues de là les avant-postes français. Je traversai ce même pays, si florissant il y avait un an, maintenant dévasté, ruiné par la guerre. Le chaume des cabanes était enlevé, des villages entiers étaient déserts, d'autres réduits en cendres. Les petites croix des cimetières semblaient plus pressées. La disette et une horrible épidémie régnaient dans ces malheureuses contrées. Les hommes, les animaux, mouraient avec une effrayante rapidité. Nous n'osions nous arrêter nulle part, et ne quittions plus notre voiture. Le lait, le beurre, la viande, tout était infecté. Nous n'avons eu, pendant les trois quarts du voyage, d'autre nourriture que du pain d'orge, et d'autre boisson qu'un peu de rhum mêlé dans de l'eau.

IX

Arrivée à Berlin. — La ville est occupée par les Français, et la maison de la princesse par le général commandant la place. — Première communion de la princesse Dorothée.

Enfin nous arrivâmes à Berlin. On m'avait assuré que le commandant français, M. de Saint-Hilaire, était un homme fort poli qui, prévenu de mon arrivée, s'empresserait de me rendre mon appartement. D'ailleurs ma maison, bâtie par Frédéric II pour sa sœur la princesse Amélie, est tellement vaste que plusieurs familles pourraient l'habiter commodément. Je ne faisais donc aucun doute de m'y retrouver dans mes habitudes. Seulement je désirais y arriver de nuit, pour retarder, autant qu'il dépendait de moi, le moment où il me faudrait voir Berlin peuplé d'étrangers. Je sentais que ce spectacle me serait affreux; aussi je ne sortis de ma mauvaise chambre, au fond d'une seconde cour, la seule que l'on ait pu obtenir pour moi... que huit jours après y être entrée, tant j'avais peur d'entrevoir mes hôtes. A force de représentations et d'instances, nous obtînmes deux chambres pour moi et deux pour ma mère que nous attendions; ces chambres étaient celles que dans d'autres temps nos femmes de chambre avaient occupées.

J'étais indignée de mon mauvais établissement, de l'horrible saleté de ma maison, des dégâts que l'on commettait journellement et des plaintes qui arrivaient de partout. Mes tuteurs gémissaient de la ruine que la guerre appelait à sa suite et dont j'avais plus particulièrement souffert que beaucoup d'autres propriétaires par la position de mes terres, situées sur les routes militaires, et par l'établissement dans ma maison du commandant français et d'un nombreux état-major, dès les premiers moments de l'occupation de Berlin.

Je ne sortais plus, je ne m'habillais que de noir. Je ne cherchais de distractions que dans le travail et dans les rêves d'un meilleur avenir. Beaucoup de mes amis étaient dispersés; mais le petit nombre de ceux qui se trouvaient à Berlin venait le soir gémir avec moi sur le malheur du temps.

Ma mère, qui n'était pas Prussienne et qui était entrée dans les combinaisons nouvelles de l'empereur de Russie, n'éprouvait d'ailleurs que de légers changements dans son existence, allait souvent dans la société française. C'est là, qu'éblouie par les succès de Napoléon, son désir de le voir et de connaître la France s'augmentait chaque jour et devint bientôt une sorte de passion. Je venais d'avoir quatorze ans, on songeait à me marier et personne n'avait encore pensé à me faire faire ma première communion. En Allemagne, cette cérémonie marque l'entrée dans le monde d'une jeune personne ; à dater de ce jour elle y est complètement admise ; elle est présentée à la cour, va partout, et pour peu qu'elle soit un bon parti, les maris arrivent en foule. Mademoiselle Hoffmann crut avec raison qu'un temps de deuil public ne pouvait guère être mieux employé que par les instructions religieuses nécessaires pour recevoir la confirmation. Ce sacrement précède la première communion chez les luthériens. Un pasteur respectable, M. Riebeck, vint passer une heure chez moi deux fois par semaine ; il me fit lire l'Ancien et le Nouveau Testament et, sans discuter les autres cultes, sans me faire connaître les dogmes des autres religions, ses instructions se bornaient à des exhortations morales qui auraient pu convenir également à un calviniste, à un catholique ou à un grec. Le vendredi saint n'était pas pour les protestants un jour qui exclût la consécration ; on le choisit pour me donner le sacrement de confirmation. Je le reçus seule dans la grande église Saint-Nicolas [1] et fus ensuite à la sainte table avec tous les fidèles, parmi lesquels il s'en trouvait beaucoup que l'intérêt et la curiosité y avaient attirés. Cette cérémonie fut singulière et j'en conserve un souvenir tres vif. Au lieu de me faire apprendre par cœur, comme c'est l'usage, les réponses aux questions que le pasteur vous adresse, celui qui m'avait instruite m'engagea à dresser moi-même une sorte de profession de foi : elle montrait le désir d'un jeune cœur d'être utile au prochain et agréable à Dieu qu'il commençait à connaître. Je ne me proclamais que chrétienne ;

1. Belle église des xiiie-xv{e} siècles. Elle se trouve dans le vieux Berlin, Poststrasse.

il n'y avait pas un mot dans mon petit discours qui me fît appartenir à une secte plutôt qu'à une autre; il était simple, on en fut touché, car, pendant que je le disais à haute voix, j'entendis sangloter autour de moi. J'étais entourée de tous les serviteurs de notre maison qui, de bonne heure, s'étaient rendus à l'église pour être plus près de moi. Mes maîtres, mes amis, tout Berlin voulait me voir et m'entendre. Cette cérémonie fut à la fois imposante et triste. Suivant l'usage pratiqué le vendredi saint dans notre Église, tout le monde était en deuil; moi-même j'avais une longue robe noire et un voile de la même couleur. Une chaîne qui suspendait une croix à mon cou complétait mon vêtement funèbre, et me donnait presque l'air d'une religieuse. Des cierges nombreux répandaient par intervalles une vive clarté, mais laissaient dans les ténèbres les voûtes gothiques de l'église. Le jour était bas et nébuleux, et aucun rayon de soleil ne venait diminuer cette solennelle obscurité. Tout dans cette enceinte attristait la pensée. J'éprouvais tout à coup les impressions les plus sombres; l'avenir sembla se dévoiler à mes yeux dans l'instant où le pasteur, après avoir appelé sur moi la bénédiction du Très-Haut, me déclara reçue dans la communion des fidèles ; je compris que c'était pour combattre, pour lutter péniblement que l'on me faisait entrer dans la vie, et non pour y parcourir une carrière heureuse et brillante telle que tout semblait me l'annoncer. Les prestiges de mon enfance s'évanouirent ; je perdis connaissance vers la fin de la cérémonie. Je n'ai eu depuis que trop de raisons de me convaincre que le cri de mon avenir s'était fait entendre.

Le lendemain, ma mère me dit que Berlin ne lui convenait plus, qu'elle y était mal établie pour le moment, et qu'après le départ des Français, lorsque la cour serait revenue, la froideur que ses opinions politiques avaient inspirée à la reine, dont elle avait été l'amie intime, lui rendrait désormais le séjour de cette ville désagréable ; qu'elle allait donc se fixer dans ses terres en Saxe, jusqu'à ce que mon mariage lui donnât une liberté plus absolue de voyager et d'aller en France, ce qu'elle souhaitait ardemment. Elle me montra, en même temps, un grand désir que je vinsse la rejoindre et, comme je possédais une jolie maison de campagne, à une demi-lieue de la sienne, dans laquelle je serais indépendante de fait et cependant sous l'aile maternelle, ce que mon âge rendait de plus en plus nécessaire pour moi et plus convenable, je l'assurais que je ne tarderais pas à la suivre. Je me réservai, cependant, de venir encore passer l'hiver suivant à Berlin, pour y trouver les maîtres dont j'avais besoin.

Les plus grands méfaits qui s'étaient passés dans ma maison dataient du premier commandant français, le général Hulin [1]. Je n'avais pas eu trop à me plaindre de son successeur le général Saint-Hilaire ; et cependant je ne l'avais vu qu'une fois, à mon arrivée, car mon accueil maussade et fier ne l'avait pas engagé à renouveler ses visites. Je n'avais donc aucun rapport avec lui, lorsqu'il entendit parler de mon départ pour la Saxe ; il sut que je devais traverser un pays infesté de malfaiteurs qui profitaient des désordres de la guerre pour dévaliser impunément les voyageurs et il m'offrit, sans rancune

---

1. Voir A. Lévy, *Napoléon et la Paix*, 1 vol. in-8°, 1902, pp. 621 et suiv.

et de fort bonne grâce, deux de ses aides de camp pour m'accompagner... J'acceptai et j'eus raison, car nous fûmes attaqués à une demi-journée du but de notre voyage. M. Lafontaine, un des aides de camp du général, tué depuis à Wagram, fut dangereusement blessé par un des brigands qui voulaient nous dévaliser. Nous leur échappâmes, mais ce ne fut qu'avec peine que nous parvînmes à transporter le pauvre blessé. Il resta dix semaines chez nous à la campagne; en le soignant nous prîmes en amitié lui et son général, avec lequel cet accident nous mit en correspondance.

X

Je touchais à ma quinzième année et, malgré les ravages de la guerre, on me croyait encore assez de fortune pour que des grands seigneurs ruinés, tels que les princes de Hohenlohe et de Solms, désirassent rétablir leurs affaires en m'épousant. Mon éducation que l'on savait avoir été soignée et ma position qui était brillante me faisaient aussi rechercher par des princes plus considérables, tels que les ducs de Cobourg et de Gotha et le prince Auguste de Prusse.

J'avais une de ces figures qui, sans plaire à tout

le monde, étaient toujours remarquées ; elle parut faire assez d'impression sur le jeune prince Florentin de Salm, pour que j'eusse quelque raison de soupçonner qu'il était amoureux de moi.

Ma mère avait la bonté de recevoir les visites et les soins de tous ces messieurs qui, pour la plupart, l'ennuyaient assez. Quant à moi, j'habitais, comme je l'ai dit, un joli pavillon quarré placé au milieu d'un parc charmant et situé à une demi-lieue du château de ma mère. Je n'allais guère chez elle, à Löbikau, qu'aux heures où je savais la trouver seule et me plaisais à me rendre, pour ainsi dire, invisible aux yeux de tous ces prétendants. Ma mère ne voulait avoir l'air ni de les repousser, ni de les encourager ; elle répétait que j'étais maîtresse de mon choix, et, comme je n'osais dire qu'il était tout fait, il fallait bien recevoir dans mon castel ces messieurs que ma mère venait de temps en temps me présenter. Je n'étais que polie et ne me montrais ni flattée, ni touchée de leurs soins. Quoique la manière dont on me les faisait passer en revue ne dût pas leur être très agréable, rien ne les décourageait ; il serait difficile d'être plus tenace ; surtout le prince de Mechklembourg et le prince de Reuss avaient complètement établi leur domicile chez ma mère. Le secrétaire, le médecin, la demoiselle d'honneur, les amis, les connaissances, tous étaient employés ; chacun d'eux était dans les intérêts d'un de mes amoureux. J'entendais chanter leurs louanges toute la journée, sans être touchée ; j'écoutais du plus beau sang-froid leurs déclarations et les éloges qu'ils me donnaient, et n'étais jamais occupée qu'à les déjouer par mon maintien insensible et dédaigneux. Cette lanterne magique m'amusait assez ; j'étais d'ailleurs charmée que le prince Adam entendît dire que j'étais fort recherchée et qu'il sût, en même temps, que je n'accueillais aucune proposition.

On trouvera peut-être que je me suis étendue, avec une orgueilleuse complaisance, sur le nombre et la qualité des personnes qui me recherchaient en mariage. J'ai hésité à les nommer ; mais je me suis dit que, si jamais ces *Souvenirs* avaient quelque publicité, les personnes que je cite auraient, ainsi que moi, disparu pour toujours, et qu'il est nécessaire pour l'intelligence future de ma position de bien faire connaître ce qu'elle était dans le principe; on comprendra beaucoup mieux que de toutes les chances qui m'étaient offertes, j'aie couru la moins vraisemblable. Le prince Adam était à Varsovie, d'où il écrivait à l'abbé Piattoli qui était venu nous joindre, que son projet était d'aller aux eaux de Bohême avec sa mère, de venir ensuite à Löbikau et là de me demander formellement en mariage. Mais la vieille princesse Czartoryska qui, au fond du cœur désirait que son fils épousât une jeune personne qu'elle avait élevée et qu'elle adorait, trouvait chaque jour un prétexte pour retarder son voyage; elle laissa passer la saison des eaux et alors ne parla plus que de l'année prochaine. Ma mère se montrait blessée pour moi de cette mauvaise grâce; l'abbé ne répondait qu'avec embarras aux reproches qu'elle lui faisait de m'avoir exclusivement attachée à un projet qui éprouvait des difficultés auxquelles je n'étais pas faite pour m'attendre. Je trouvais qu'elle avait un peu raison, mais j'étais loin d'en convenir; je croyais le prince tout aussi contrarié que moi et cette conviction me faisait supporter, avec plus de douceur que je n'en montrais habituellement, les mécomptes de l'amour-propre.

Les choses en étaient là, lorsqu'une lettre de l'empereur Alexandre [1] annonça à ma mère que d'Erfurt [2], où il était alors, il viendrait la voir; il la prévenait qu'il ne lui demanderait qu'à dîner et qu'il ne serait accompagné que du prince Troubetzkoï, son aide de camp, et de M. de Caulaincourt, ambassadeur de France [3], qui retournait

1. Voir Appendice VI.

2. L'empereur Alexandre quitta Erfurt le 14 octobre 1808. Il y était depuis le 28 septembre. Sur l'entrevue d'Erfurt, voir *Mémoires du prince de Talleyrand*, t. I, pp. 391 et suiv.

3. Le marquis de Caulaincourt (1773-1827) avait suivi la carrière des armes. Envoyé à Saint-Pétersbourg à l'avènement d'Alexandre (1801), il fut à son retour nommé aide de camp de Bonaparte, premier consul. Grand écuyer de l'empereur (1804), général de division, duc de Vicence (1805), il fut de nouveau envoyé à Saint-Pétersbourg comme ambassadeur, en 1807. Le duc de Vicence jouit d'un grand crédit auprès de l'empereur de Russie, qu'il accompagna à Erfurt. Rappelé en 1811, il fit la campagne de Russie et rentra à Paris avec Napoléon. Sénateur, ministre des affaires étrangères, il représenta la France aux conférences de Prague, de Francfort et de Châtillon. Il fut de nouveau ministre des affaires étrangères pendant les Cent-Jours. En maints passages de ses *Mémoires* le prince de Talleyrand parle de M. de Caulaincourt avec grand éloge; et notamment à propos de l'entrevue d'Erfurt il écrit : « ... Ma liaison personnelle avec M. de Caulaincourt, aux qualités duquel il faudra bien que l'on rende un jour justice, tous ces motifs firent surmonter à l'empereur l'embarras dans lequel il s'était mis à mon égard, en me reprochant violemment le blâme que j'avais exprimé à l'occasion de son entreprise sur l'Espagne » (t. I, p. 401. et pp. 438 et suiv.).

avec lui à Pétersbourg. En effet, le 16 octobre 1808, l'empereur arriva à Löbikau, à cinq heures du soir. Ma mère insista pour que je sortisse de ma retraite ce jour-là; j'obéis. Elle était entourée de sa sœur, de ses filles, la princesse de Hohenzollern, la duchesse d'Acerenza et moi, du grand-duc de Mecklembourg, beau-père de l'empereur, du prince Gustave, dont j'ai déjà parlé, du prince de Reuss et d'un grand nombre de personnes que la curiosité avait attirées. L'empereur fut plein de grâce pour tout le monde et voulut surtout être occupé de moi. Il me dit qu'il me trouvait grandie, embellie et ajouta, en plaisantant, qu'il savait que j'étais comme Pénélope, entourée de beaucoup de prétendants qui se plaignaient de mes rigueurs. J'étais si éloignée de supposer qu'il fût venu avec l'intention de fixer le choix de ma mère, que je répondis sans embarras à cette plaisanterie qui dura assez longtemps. A table, ma mère et M. de Caulaincourt me séparaient de l'empereur, de manière que la conversation passait devant eux. Tout à coup l'empereur me demanda si je n'étais pas frappée d'une sorte de ressemblance qu'il prétendait avoir découverte entre le prince Czartoryski et M. de Périgord[1].

« De qui Votre Majesté veut-elle parler? répondis-je, en rougissant de m'entendre interpeller par une question que j'aurais cru plus délicat de ne pas m'adresser. — Mais de ce jeune homme assis là-bas, du neveu du prince de Bénévent, qui accompagne le duc de Vicence à Pétersbourg, fut la réponse de l'empereur. — Pardon, Sire, je n'avais pas remarqué l'aide de camp du duc de Vicence, et j'ai la vue si basse qu'il m'est impossible, d'ici, de distinguer ses traits. » Ma mère eut l'air mécontent. L'empereur se tut et M. de Caulaincourt me dit que le neveu du prince de Bénévent n'était pas son aide de camp, qu'il était momentanément attaché à l'ambassade de Pétersbourg. Cette explication ne m'intéressait guère et je l'écoutai à peine. Après le dîner, l'empereur pria ma mère de passer dans son cabinet; ils y restèrent enfermés deux heures. En quittant le salon ma mère me dit : « Soyez polie pour le duc de Vicence, causez avec lui, vous

1. Alexandre-Edmond de Talleyrand-Périgord, né le 2 août 1787, depuis duc de Dino, et plus tard duc de Talleyrand-Périgord, mort en 1875 à Florence.

savez que l'empereur le traite comme son ami. Je n'ai pas obtenu de vos sœurs qu'elles lui adressassent la parole ; votre tante partage toutes les ridicules préventions dont il est l'objet ; mais vous qui êtes trop jeune pour avoir des opinions politiques, ou du moins pour en montrer, je vous charge de vous occuper de M. de Caulaincourt, car je ne veux pas qu'il parte mécontent. » Je me dévouai ; et pendant que mes sœurs et ma tante causaient avec le petit groupe de princes allemands, je m'assis à côté de l'ambassadeur. La conversation d'une très jeune personne... avec un général de l'armée de Bonaparte ne pouvait être, réciproquement, bien satisfaisante ; elle le fut cependant pour moi ; je trouvai à M. de Caulaincourt l'air noble et beaucoup d'usage du monde. ¶ M. de Vicence était loin de ressembler aux courtisans de Napoléon que j'ai vus depuis. Probablement je lui parus moins gauche et moins maussade qu'aurait dû l'être aux yeux de l'élégance française une personne élevée au fond de l'Allemagne, car dans une lettre qu'il écrivit le lendemain au prince de Bénévent, dont il était l'ami, il fit de moi assez d'éloges. J'ai lu, depuis, cette lettre ; elle commençait par ces mots : « La belle Dorothée a quinze ans ; elle paraît fort bien élevée. Nous avons trouvé le château rempli d'épouseurs, mais le grand rival n'y était pas. »

L'empereur quitta Löbikau à onze heures du soir. Ma mère ne me dit rien du sujet de la conversation avec lui ; elle me demanda seulement le lendemain comment j'avais trouvé M. de Périgord. « Mais, maman, je ne l'ai pas regardé ; il me semble, d'ailleurs, qu'il s'est tenu constamment dans le premier salon. » La même question fut répétée à mes sœurs, elles firent à peu près la même réponse. Il se trouva que personne ne s'était occupé du neveu d'un homme qu'on regardait alors en Allemagne comme presque aussi puissant que Napoléon lui-même. Ce manque d'attention donna de l'humeur à ma mère ; elle fit dire à M. Piattoli de venir lui parler, s'enferma avec lui et fut aussi rêveuse le reste de la journée que l'abbé parut attristé et découragé, cependant personne ne dit un mot.

Mademoiselle Hoffmann, qui voyait qu'on se défiait d'elle et qui en était très blessée, me dit qu'elle croyait que nous ferions bien de retourner à Berlin. J'étais moi-même vaguement troublée de l'air préoccupé de ma mère et de l'abbé ; celui-ci évitait même de me parler du prince Adam. Enfin, mécontente de tout le monde, je ne demandais pas mieux que de m'éloigner et je repris assez tristement, au mois de novembre, la route de Berlin. Les armées françaises devaient évacuer la ville dans quelques semaines [1] ; déjà une partie des bureaux du commandant était renvoyée et mon appartement me fut rendu. Le général Saint-Hilaire, touché des soins assidus que nous avions eus pour son aide de camp, cherchait par toutes sortes de moyens à nous laisser de lui des souvenirs agréables ; nous lui savions gré de son intention et, pendant les dernières semaines, il s'établit entre lui et nous une réciprocité de bons procédés, desquels il résulta une sorte d'amitié qui me fit donner à sa mémoire des regrets véritables, lorsque j'appris l'année suivante qu'il avait été tué à la bataille d'Essling.

Le jour de naissance de ma mère était au mois de février et elle me répétait si souvent, dans ses

—————

1. Les troupes françaises quittèrent Berlin le 3 décembre 1808.

lettres, qu'elle espérait que je viendrais la retrouver à cette époque, qu'il me fut impossible de ne pas céder à son désir. D'ailleurs l'abbé Piattoli, qui était resté auprès d'elle, m'écrivait des lettres si entortillées, si énigmatiques, sur l'objet qui m'intéressait le plus au monde, que je ne fus pas fâchée d'éclaircir définitivement ma situation qui me semblait de plus en plus environnée de mystère. Je quittai Berlin à la fin de janvier; hélas! je disais un bien long adieu à cette ville, mon berceau, le théâtre des innocentes joies de mon enfance!

Je m'arrêtai dans une petite ville, à quelques lieues de Löbikau, pour voir l'abbé Piattoli et causer avec lui. Il s'était établi là pour être plus près des médecins. Atteint de la cruelle maladie dont il est mort, je le trouvai si souffrant, si changé, que je n'osais presque aborder la question qui me tenait le plus au cœur. Je lui demandai cependant s'il avait des nouvelles du prince Czartoryski. « Je n'en ai point, me dit-il : ce silence doit vous prouver, ma chère enfant, que nos rêves étaient des chimères. — A Dieu ne plaise! m'écriai-je. — N'en parlons plus, reprit-il avec émotion, ce sujet de conversation me fait mal. » Forcée au silence, je le quittai aussi remplie d'incertitude que lorsque j'étais arrivée près de lui.

Ma mère me reçut avec une joie et une grâce que je ne lui avais jamais vues. Elle me dit que dans la mauvaise saison, il ne fallait pas songer à habiter mon pavillon d'été, qu'elle m'avait fait préparer un appartement et qu'elle voulait absolument me garder. Tout me paraissait étrange et nouveau dans cet accueil et semblait m'annoncer quelque événement connu de tout le monde, excepté de moi. Je ne pouvais définir l'espèce de terreur dont je me sentais agitée; les caresses même de ma mère m'inquiétaient, mais ce qui me déplaisait par-dessus tout c'était la présence inattendue d'un Polonais, le comte Batowski, jadis de la société de ma mère et qui s'était depuis établi en France ; il me paraissait tombé des nues ; je ne pouvais deviner le motif qui le faisait arriver tout droit de Paris, au cœur de l'hiver, dans un lieu qui ne devait lui offrir ni intérêt, ni amusement. Cependant trois ou quatre jours s'étaient passés sans qu'il fût survenu le moindre changement ; je commençais à me calmer, lorsqu'un soir pendant que tout le monde était à écrire pour le départ du courrier et que j'étais seule au salon à préparer du thé, j'entendis le petit cor de chasse de nos postillons allemands annoncer l'arrivée d'un étranger. Un valet de chambre entra presque aussitôt et me demanda où était ma mère? « Dans son cabinet, elle veut être seule. — Mais il faudrait cependant l'avertir qu'un officier français, le même qui était ici avec le comte de Vicence, vient d'arriver. » A l'instant je compris tout, et les grâces de l'empereur, et les soins de ma mère, et cette prétendue ressemblance avec le prince Czartoryski ; je ne pus donner aucun ordre à l'homme qui était devant moi, encore moins prévenir ma mère. Terrifiée à l'idée que M. de Périgord pouvait entrer dans ce salon où j'étais seule, je ne songeai qu'à me sauver. Je traversai le vestibule en courant, je montai rapidement l'escalier, et j'arrivai enfin, hors d'haleine, dans ma chambre. Mademoiselle Hoffmann qui s'y trouvait me demanda ce qui m'était arrivé. « Il est ici, répondis-je. — Qui, le prince Adam? — Hélas! non, ce Français! » Et me voilà à fondre en larmes. « Je suis sûre qu'il vient pour m'épouser. — Eh bien, vous le refuserez. — Oui, mais maman? — Elle ne vous a pas contrariée, jusqu'à présent. — Parce qu'elle ne se souciait d'aucun des mariages que j'ai refusés; mais vous connaissez son amour pour la France, son désir de s'y fixer. — Elle ne peut vous contraindre : calmez-vous donc, vous ne serez pas en état de paraître et ce qu'il y aurait de pis serait de montrer le trouble dans lequel vous êtes. » Me voilà donc séchant mes larmes et descendant avec un maintien assez calme au salon où l'on m'avait déjà demandée.

Ma mère était à la fois rayonnante et embarrassée; elle tenait dans ses mains plusieurs lettres qui paraissaient lui avoir été remises à l'instant. Après les avoir parcourues, elle me présenta à M. de Périgord que, pour le coup, il fallut bien regarder. M. Batowski était affairé, enchanté, insupportable; tout le reste de la maison paraissait aussi triste que je l'étais moi-même. Pourquoi en effet cette soudaine apparition? Comment l'expliquer si ce n'était par ma proposition de mariage que ma mère paraissait disposée à accueillir. Je me retirai de bonne heure et ne dormis guère.

Le lendemain matin, on vint dire à mademoi-selle Hoffmann que ma mère désirait lui parler : elle s'habille à la hâte, descend, remonte fort troublée, au bout d'une heure, et me dit : « Allez chez madame votre mère, elle vous demande. — Que vous a-t-elle dit? que veut-elle de moi? — Vous le saurez, allez, et ne la faites pas attendre. » J'arrive chez ma mère qui était encore couchée; les lettres, les mêmes, à ce que je crus, que celles de la veille, étaient éparses sur son lit. « Il est temps, me dit-elle, de vous faire connaître le vé-ritable motif de la visite que l'empereur de Russie m'a faite ici, à son retour d'Erfurt. Il croit avoir de grandes obligations au prince de Bénévent et il voudrait les reconnaître : Sa Majesté ayant témoigné à ce prince le désir de lui être agréable, celui-ci l'a prié de protéger auprès de moi la de-mande qu'il voulait me faire de votre main pour son neveu. L'empereur a donné sa parole que ce mariage aurait lieu; il est venu me le dire, en ajoutant qu'il comptait trop sur mon amitié pour ne pas être sûr que je l'aiderais à donner à un homme qu'il aime et qu'il lui importe de satis-faire, la seule preuve d'amitié qu'il eût l'air de désirer. J'ai répondu à l'empereur que toujours disposée à lui montrer le dévouement et la reconnaissance que je professe pour lui, je craignais cependant qu'il ne vînt m'en demander une preuve qu'il ne serait pas en mon pouvoir de lui donner. Je lui ai dit : — Vous connaissez, Sire, les idées antifrançaises des têtes allemandes, ma fille les partage toutes; elle a beaucoup d'absolu dans le caractère, sa position la rend indépendante, et ses sœurs, ses parents, ses amis, la cour de Prusse, toute l'Allemagne crieront contre ce mariage. Sans avoir à me plaindre de Dorothée, je sais cependant que j'ai peu d'influence sur son esprit; et d'ailleurs, je vous dirai avec franchise, Sire, qu'il est depuis longtemps question du mariage de ma fille avec un des anciens amis de Votre Majesté. Le prince Adam Czartoryski est l'homme qu'elle préfère; je n'ai aucune raison grave à opposer à son choix et je ne vois aucun moyen d'empêcher que ce mariage n'ait lieu l'année prochaine. — Le désirez-vous? reprit l'empereur. — Non, Sire : une grande différence d'âge, le caractère difficile de la vieille princesse et la mauvaise grâce qu'elle a mise jusqu'à présent dans cette affaire, m'en éloignent plutôt. — Alors, dit l'empereur, je n'admets aucune de vos autres raisons; la jeune Dorothée, à quinze ans, ne peut avoir des opinions politiques bien arrêtées; pour éviter tout le commérage que vous redoutez, il ne faut parler du mariage que je sollicite qu'au dernier moment; d'ailleurs, votre fille et vous-même seriez fixées en France et les cris de l'Allemagne vous seraient alors bien indifférents. Je crois la jeune princesse trop bien élevée pour que l'influence maternelle puisse être nulle sur elle lorsque vous consentirez à l'employer. Quant à Adam Czartoryski, je vous assure qu'il ne se soucie nullement de se marier[1], et qu'il se laissera toujours gouverner par sa mère, qui est une vieille Polonaise intrigante et dangereuse. Je ne vois dans tout ceci qu'une jeune tête que l'on s'est plu à exalter, car Adam est un excellent homme, sans doute, mais il est devenu si sauvage et si triste que rien en lui ne me semble propre à séduire une personne de quinze ans. Enfin, ma chère duchesse, je n'accepte aucune excuse, j'ai donné ma parole; je demande la

1. En 1817, il épousa la princesse Sapieha.

vôtre, et je la demande comme un témoignage de l'amitié que vous m'avez promise et que je crois mériter. » — « Vous connaissez, ma chère enfant, continua ma mère, la reconnaissance que je dois à l'empereur Alexandre; vous savez qu'en Russie les bontés du souverain sont toujours précaires; que tout dépend de sa fantaisie et qu'il est pour moi du plus grand intérêt de soigner sa bienveillance; je lui ai promis que je ferais mon possible pour vous décider au mariage qu'il désire; je vous prie donc de ne pas refuser sans avoir bien pesé les avantages qui peuvent résulter pour toute votre famille de cette alliance. Lisez d'abord les lettres que je viens de recevoir. » Elle me remit alors les deux lettres qui étaient sur son lit; la première était de l'empereur qui répétait à peu près et avec de nouvelles instances toutes les choses qu'il lui avait dites; la seconde était du prince de Bénévent [1]. Il est inutile de dire qu'elle était parfaitement spirituelle et aussi adroite que possible pour diminuer les préventions dont la France et lui-même étaient l'objet. Il parlait de

1. Voir Appendice VII.

son neveu Edmond de Périgord comme d'un jeune homme qu'il aimait comme son fils, qu'il regardait comme tel et qui serait son héritier. Il parlait ensuite de moi de la manière la plus flatteuse et finissait par un mot touchant sur sa vieille mère[1] âgée de quatre-vingts ans, qui serait si heureuse, disait-il, de voir le bonheur de sa famille assuré, avant de finir sa grande carrière. Il ajoutait un alinéa sur l'éclat de la naissance, le lustre des anciens souvenirs et sur la noblesse sans mélange des grandes familles d'Allemagne. Enfin, je ne crois pas que dans toute sa carrière ministérielle le prince Bénévent ait jamais rédigé avec autant de soin la note diplomatique la plus importante. Cette lettre me fit quelque impression, au lieu que je ne trouvais dans les raisonnements autocrates d'Alexandre qu'un abus de position révoltant.

Lorsque j'eus replacé silencieusement les deux lettres sur le lit de ma mère, elle me demanda si je n'avais rien à lui dire. « Si je ne me

---

1. Alexandrine de Damas, fille de Joseph de Damas, marquis d'Antigny, mariée en 1751 à Charles-Daniel de Talleyrand-Périgord (1734-1788), lieutenant général, menin du Dauphin, morte en 1809.

croyais pas engagée au prince Adam, si dès l'âge de douze ans je n'avais pas accoutumé mon esprit à le regarder comme le seul homme que je doive épouser, si je n'étais pas arrivée à m'attacher sincèrement à cette idée et à placer toutes mes espérances de bonheur dans cette union, j'aurais pu, ma chère maman, répondis-je, essayer d'oublier le passé et de vaincre toutes mes répugnances actuelles pour faire une chose que vous paraissez désirer vivement; mais comme je ne peux croire que les retards qu'éprouve l'arrivée du prince Adam tiennent à sa volonté et que je ne puis me persuader, après tout ce qu'on m'a dit, qu'il n'attache plus à moi aucun prix, je croirais manquer à toutes les espérances que vous m'avez permis de donner et de concevoir, si je m'occupais de tout autre établissement; quitter ma patrie, aller à la cour de Bonaparte, m'éloigner de tous mes amis, épouser quelqu'un que je ne connais pas, accepter une position dont j'ignore tous les détails, seraient des difficultés qui, toutes réelles qu'elles sont, pourraient être surmontées pour vous faire plaisir et arranger vos rapports avec l'empereur Alexandre; mais votre situation n'est heureusement pas assez mauvaise, ma chère maman, pour que je me croie obligée de lui sacrifier ce que depuis si longtemps je regarde comme devant assurer le bonheur de mon avenir. » Je voulais lui baiser la main; elle la retira et montra à la fois de l'humeur et de la tristesse, car elle avait des larmes dans les yeux. Elle me dit avec humeur et émotion que je sacrifiais sa tranquillité et que je compromettais sa position russe pour des chimères, que j'allais de plus lui attirer l'inimitié du prince de Bénévent, regardé par les étrangers comme très puissant et très redoutable, que Napoléon lui-même croirait mon refus dicté par la haine contre la France et que les persécutions s'étendraient sur toutes les positions et sur tous les individus de notre famille. Elle se plaignait d'être peu heureuse par ses enfants et de trouver surtout en moi, qu'elle disait préférer à mes sœurs, une singulière ingratitude. « Vous voyez, me dit-elle, que l'empereur vous croyait assez bien née pour ne pas douter de l'influence que votre mère pourrait avoir sur vous; mais vous placez dans votre indépendance et dans votre froideur à mon égard une sorte d'amour-propre qui appartient au plus mauvais caractère. Du moins soyez polie pour M. de Périgord ; et pour ne pas vous donner un ridicule, je laisserai passer deux ou trois jours avant de répondre au prince de Bénévent, car il faut au moins que vous ayez l'air de réfléchir. Je veux aussi que vous soyez plus obligeante pour M. de Batowski ; il connaît tous les rapports de M. de Talleyrand et vous pouvez bien consentir à écouter ce qu'il aurait à vous dire sur cette illustre famille. »

Je n'avais jamais vu ma mère aussi émue, aussi mécontente, et cette excessive agitation dans une personne habituellement si douce et si calme me fit une impression inattendue et douloureuse. Ces reproches si nouveaux dans sa bouche me brisèrent le cœur. Je sortis tout en pleurs de sa chambre et remontai dans la mienne où mademoiselle Hoffmann m'attendait. Je lui racontai ce qui venait de se passer et elle me dit que ma mère l'avait prévenue de la proposition qu'elle allait me faire et lui avait demandé sa parole d'honneur de n'influencer en rien ma décision. « Je la lui ai donnée, ajouta-t-elle, avec d'autant moins

de restriction que pour la première fois elle m'a
vivement reproché d'être la cause de votre froideur et de votre manque de confiance à son égard.
Suivez donc vos propres inspirations ; vous avez
assez d'esprit pour vous guider vous-même ; je ne
veux me charger d'aucune responsabilité dans
une question aussi délicate ; je me borne à vous
engager à être polie pour M. de Périgord et à
laisser M. Batowski vous parler ; vous devez
cette marque de déférence à madame votre mère. »

J'appris alors positivement ce dont je commençais
à me douter, c'est que M. Batowski avait été le
premier à lui donner l'idée de me demander en
mariage pour son neveu, qu'il l'avait prévenu en
même temps de celui dont il était question avec
le prince Czartoryski et avait indiqué l'empereur
Alexandre comme pouvant seul lever cette difficulté. Dans la même journée il me fallut entendre
l'éloge de tous les Talleyrand du monde. Il était
facile de louer le prince de Bénévent sur son
esprit et ses grands talents. Sa position brillante
sans doute fut encore magnifiée et ses brouilleries
avec Bonaparte furent passées sous silence, non
seulement auprès de moi, mais surtout auprès

de ma mère qui était charmée, éblouie du crédit que l'on supposait encore au vice-grand électeur. M. Edmond fut représenté comme un jeune homme d'une bravoure éclatante et d'un caractère charmant ; son père comme tout ce que l'on pouvait voir de plus séduisant et de plus aimable ; madame de Noailles [1], sœur de M. Edmond, comme la bonté, la simplicité et en même temps l'élégance en personne. Enfin ils étaient tous des êtres parfaits. Il fallait cependant bien dire quelques paroles de la princesse de Bénévent ; mais il en parla très légèrement et comme d'une personne si insignifiante et si annulée qu'elle ne pouvait être regardée comme un inconvénient. Je faisais bien la part de l'exagération commandée par la situation de M. Batowski, mais je ne pouvais prévoir qu'elle fût aussi démesurée. « Si j'étais libre encore, lui dis-je, tout ce que vous m'apprenez serait bien propre à détruire ma répugnance ; mais je me regarde comme engagée, je l'ai dit à ma mère, et je n'ai rien à ajouter. »

Quelle était cependant l'attitude de M. de Péri-

1. Mélanie de Talleyrand-Périgord, née en 1785 ; elle épousa en 1803 Just, comte de Noailles, plus tard duc de Poix, qui fut chambellan de l'empereur. Elle mourut en 1863.

gord? Celle d'un très jeune homme fort embarrassé d'être examiné et probablement refusé par une jeune personne triste et maussade. Il montrait d'ailleurs la plus grande réserve et ne parlait presque jamais. Il était impossible d'augurer de son caractère et de son esprit, car personne n'a jamais fait autant d'usage... du silence.

M. Batowski nous dit le soir même qu'il irait le lendemain savoir des nouvelles de M. Piattoli. Il revint le second jour et me remit une lettre de ce pauvre abbé dont l'état empirait à vue d'œil. Je montai dans ma chambre pour lire cette lettre ; elle était tracée d'une main tremblante et je fus bouleversée de son contenu. « Toutes nos espérances sont détruites, me disait-il ; j'ai enfin reçu des nouvelles de Pologne ; elles ne sont pas du prince Adam, mais d'un ami commun qui m'annonce que le mariage du prince avec mademoiselle Matuschewitz est arrangé, que tout Varsovie en parle, et que la vieille princesse est enchantée. Voilà donc, ma jeune amie, l'explication de ce long silence. » Sa lettre était courte : « Je suis si souffrant, ajoutait-il, que je ne puis en écrire davantage. »

Je demandai des chevaux à l'instant et, faisant à peine quelques excuses à ma mère, je partis pour chercher à obtenir plus de détails de l'abbé et m'assurer de la vérité d'un fait qui me paraissait impossible à croire. J'arrive, je trouve M. Piattoli presque mourant. Il voulait être seul et j'eus beaucoup de peine à obtenir qu'il me vît un instant. « Soyez heureuse, me dit-il, sans me donner le temps de faire une seule question. Soyez bien pour votre mère. Votre imagination me fait trembler, mais vous avez beaucoup d'esprit; servez-vous-en dans les circonstances difficiles que je prévois pour vous. Vous avez été le grand intérêt de mes dernières années; pardonnez-moi d'avoir voulu diriger votre avenir et confiez-le désormais à Madame votre mère. » Il se tut, je voulus parler, mais il ne me répondit pas et me fit signe de la main de m'éloigner; il mourut quelques jours après.

La personne qui, avec un zèle admirable, l'a soigné pendant sa longue maladie, et ne l'a pas quitté dans ses derniers moments, possédait sa plus intime confiance. Voici ce qu'elle m'a raconté lorsque, mariée depuis quatre ans, je vins

momentanément en Allemagne et que je demandai à la voir.

Ma mère, craignant de déplaire à l'empereur
Alexandre, passionnée pour la France où elle
désirait se fixer et aussi heureuse d'avoir en moi
un prétexte pour réaliser ce projet que mécontente
du mariage qui devait m'établir en Pologne, avait
montré avec confiance à l'abbé Piattoli ses craintes
et ses désirs. Elle avait renouvelé ses plaintes de
ce qu'il m'eût placée sous la dépendance des caprices
d'une famille arrogante et dédaigneuse et lui
avait même, pour la première fois, vivement
reproché de n'avoir pas trouvé en lui le dévouement
auquel elle aurait dû s'attendre après les services
qu'elle lui avait rendus jadis. Enfin elle agit si
vivement sur l'esprit du pauvre abbé qu'elle obtint
de lui la promesse qu'il ne se mêlerait plus de ce
mariage et qu'il chercherait même à m'en détacher
en se servant, pour y parvenir, de la mauvaise
grâce de la vieille princesse et de l'indolence de
son fils.

Mais, depuis les dernières scènes de Löbikau,
il ne suffisait plus de me parler du long silence

du prince, il fallait le motiver. M. Batowski s'offrit pour aller décider l'abbé à un mensonge qui, disait-il, deviendrait bientôt une réalité, puisqu'en effet on savait que la vieille princesse désirait que son élève devînt sa belle-fille. Le mensonge, suivant lui, était peu de chose; il consistait seulement à me faire croire que le fils avait consenti au mariage qui n'était encore que projeté par la mère. Il ne doutait pas que cette conviction ne me rendît docile aux vœux de la mienne. M. Batowski manœuvra si bien qu'il obtint la lettre dont j'ai parlé et qui décida de mon sort...

J'étais revenue de chez le pauvre abbé non seulement désolée de l'état dans lequel je l'avais laissé, mais le cœur ulcéré des torts que je croyais au prince Czartoryski. S'il avait pu me rester quelques doutes à cet égard, une vieille dame polonaise, la comtesse Olinska, amie de ma mère, et à qui on avait fait aussi la leçon, aurait achevé de les dissiper. Le lendemain de mon retour de chez l'abbé, elle nous dit, pendant que nous étions tous réunis, que des lettres de Varsovie qu'elle venait de recevoir annonçaient le mariage de M. Adam; elle ajouta beaucoup de détails que je n'écoutai plus.

Convaincue, indignée, je me lève, prie ma mère de passer dans la chambre à côté et lui dis dans ce premier moment d'amertume, que puisque le prince Adam rompait lui-même ses engagements, je me regardais comme libre des miens, que je serais fort aise d'être mariée bien avant lui ; que mon cœur étant indifférent pour tout le monde, je ne demandais pas mieux que de fixer mon choix sur la personne qui convenait à ma mère et qu'elle pouvait dès ce moment donner ma parole à M. de Périgord.

Je parlai vite avec des larmes dans les yeux et dans la voix, mais ma mère eut l'air de ne s'apercevoir de rien, m'embrassa avec transports, m'applaudit, loua ma fierté, excita encore mon ressentiment, me remercia de prendre un parti qui allait combler tous ses vœux et, sans perdre une minute, me dit qu'elle allait annoncer cette bonne nouvelle à M. de Périgord. J'aurais voulu l'arrêter, mais elle était déjà rentrée dans le salon et je courus alors m'enfermer dans ma chambre, d'où je ne voulus pas redescendre de la soirée et je passai la nuit à pleurer.

Le lendemain, ma mère vint elle-même me

trouver, elle me remercia encore, me cajola beaucoup et me dit qu'il fallait faire de bonne grâce la chose à laquelle je m'étais décidée, qu'elle me priait de descendre, que je trouverais M. de Périgord chez elle et qu'il serait ridicule que je ne fusse pas aimable pour lui. Je la suivis avec les yeux rouges et l'air du monde le plus abattu. Ma mère nous dit avec gaieté : « Allons je vais vous laisser seuls, vous avez sans doute beaucoup de choses à vous dire. » Et que pouvions-nous nous dire?

Assis en face l'un de l'autre, nous fûmes long-temps dans le plus profond silence. Je le rompis en disant : « J'espère, monsieur, que vous serez heureux dans le mariage que l'on a arrangé pour nous. Mais je dois vous dire, moi-même, ce que vous savez sans doute déjà, c'est que je cède au désir de ma mère, sans répugnance à la vérité, mais avec la plus parfaite indifférence pour vous. Peut-être serai-je heureuse, je veux le croire, mais vous trouverez, je pense, mes regrets de quitter ma patrie et mes amis tout simples et ne m'en voudrez pas de la tristesse que vous pourrez, dans les premiers temps du moins, remarquer en moi. — Mon Dieu, me répondit M. Edmond, cela me paraît tout naturel. D'ailleurs, moi aussi, je ne me marie que parce mon oncle le veut, car, à mon âge, on aime bien mieux la vie de garçon. »

Cette réponse ne me parut ni bien sensible ni bien flatteuse; mais en ce moment j'aurais été désolée de trouver un empressement auquel je n'aurais pas répondu et cette indifférence annoncée de part et d'autre était ce qui pouvait le mieux me convenir. Ma mère s'empressa d'écrire à Paris et à Pétersbourg. Les lettres partirent le jour même. M. de Périgord et M. Batowski nous quittèrent le lendemain sans que nous nous fussions reparlé, ils allèrent retrouver le prince de Bénévent, prendre avec lui les derniers arrangements et devaient revenir promptement, accompagnés de mon futur beau-père, pour la noce qui était fixée à un mois. Ma mère fit aussitôt part de ce mariage à toutes ses connaissances; mais elle ne montra aucune des réponses qu'elle reçut. Elles étaient toutes très froides et ne lui plaisaient guère. L'une des premières personnes auxquelles elle écrivit fut le prince Czartoryski à qui elle renvoya des lettres qu'il avait écrites à l'abbé Piattoli et qui étaient arrivées peu de jours après la mort de ce dernier. J'ai su depuis que ces lettres disaient qu'il avait vaincu enfin les répugnances de sa mère et qu'ayant appris que l'empereur Alexandre s'intéressait à un autre mariage pour moi, il se hâtait de terminer tous ses arrangements pour arriver dans quelques semaines à Löbikau.

L'intrigue secrète qui a conduit ma destinée ne m'a été dévoilée que peu à peu et longtemps après l'époque dont je parle. Les tristes jours qui précédèrent mon changement d'état s'écoulèrent pour moi dans une sorte d'apathie dont personne ne paraissait s'apercevoir excepté mademoiselle Hoffmann qui, mécontente et affligée, n'osait cependant se permettre d'user de son crédit sur moi pour me faire manquer à la parole que je n'avais donnée que par humeur et dépit.

Je pleurais mon pauvre Piattoli, je regrettais l'Allemagne et je ne m'amusais d'aucun des préparatifs du trousseau qui amusaient ma mère. Lorsque je pensais à mon avenir, je ne le comprenais guère. J'ignorais absolument ce qui m'attendait. Je ne savais rien de Paris et de la famille dans laquelle j'allais entrer que par ce qu'on en disait vaguement en Allemagne, où l'opinion n'était pas favorable aux Français, et par le récit brillant de M. Batowski que je n'avais guère écouté et que je croyais peu exact. La personne sur laquelle j'avais le moins de données et à laquelle je pensais le moins qu'il m'était possible, c'était M. de Périgord... On m'avait dit qu'il était bon enfant. Je croyais que sans m'aimer il était flatté de m'épouser, que je trouverais en lui de l'indifférence et des égards et c'était tout ce que je demandais. Habitant un pays protestant et ne pouvant trouver près de nous un prêtre catholique, il fut décidé que mon mariage se ferait à Francfort, qui était sur notre route pour venir en France. Le prince-primat résidait alors dans cette ville et il s'offrit, par égard pour ma mère et pour le prince de Bénévent, dont il était l'ami, à nous donner la bénédiction nuptiale.

———

APPENDICES

I

ARRESTATION DU DUC DE COURLANDE[1]

Le principal agent du général Münich fut son aide de camp, le général de Manstein. Voici le récit de l'arrestation du duc de Courlande, fait par Manstein lui-même :

« Le jour d'avant la révolution, savoir le 28 novembre, le maréchal de Münich dîna avec le Duc qui le pria, en se séparant, de revenir le soir. Ils restèrent à l'ordinaire fort tard ensemble à s'entretenir sur plusieurs choses qui regardaient les affaires du temps.

» Le Duc fut, toute la soirée, inquiet et rêveur; il changea souvent de conversation, comme un homme distrait et, à propos de rien, il lui fit cette demande : *Monsieur le Maréchal, dans vos expéditions militaires n'avez-vous jamais rien entrepris*

1. Extrait des *Mémoires* de Manstein.

de conséquence, de nuit? Cette demande imprévue
déconcerta presque le Maréchal; il s'imaginait
que le Régent se doutait de son dessein; il se
remit toutefois sans que le Régent pût remarquer
son trouble et répondit qu'il ne se souvenait
pas d'avoir jamais entrepris des choses extraordinaires la nuit, mais que son principe était de
se servir de toutes les occasions quand elles
paraissaient favorables.

» Ils se séparèrent à onze heures du soir, le Maréchal, dans la résolution de ne plus différer son
dessein de perdre le Régent, et celui-ci bien
résolu de se méfier de tout le monde, d'éloigner
ceux qui pourraient lui donner de l'ombrage et
de s'affermir de plus en plus dans la puissance
souveraine en plaçant la princesse Élisabeth ou
le duc de Holstein sur le trône. Il voyait bien que,
sans cela, il lui serait impossible de se maintenir, le nombre des mécontents augmentant tous
les jours. Mais comme il ne voulait rien entreprendre avant les obsèques de l'Impératrice[1], ses
ennemis le prévinrent. Le maréchal de Münich,
étant persuadé qu'il serait le premier qu'on con-
gédierait, voulut frapper son coup sans perdre un
instant.

» Lorsque le Maréchal fut revenu de la cour, il

1. Anna Ivanovna, morte le 28 octobre.

dit à son premier aide de camp, le lieutenant colonel de Manstein, qu'il aurait besoin de lui de grand matin. A deux heures après minuit, il le fit appeler ; ils montèrent seuls en carrosse et se rendirent au Palais d'Hiver, où, après la mort de l'Impératrice, on avait logé l'Empereur et ses parents. Le Maréchal, accompagné de son aide de camp, entra dans l'appartement de la princesse par sa garde-robe. Il fit lever mademoiselle de Mengden, dame d'honneur et favorite de la princesse. M. de Münich lui ayant dit de quoi il était question, elle fut éveiller Leurs Altesses ; mais la princesse seule vint parler au Maréchal. Après un moment d'entretien, le Maréchal ordonna à Manstein d'appeler tous les officiers qui étaient de garde au Palais, pour venir parler à la Princesse. Les officiers arrivés, la Princesse leur représenta en peu de mots tous les outrages que le Régent faisait souffrir à l'Empereur, à elle et à son époux ; elle ajouta que lui étant impossible et même honteux de souffrir plus longtemps toutes ces indignités, elle était résolue de le faire arrêter ; qu'elle avait chargé le maréchal de Münich de cette commission, et qu'elle se flattait que tous ces braves officiers voudraient bien suivre les ordres de leur général et seconder son zèle.

» Les officiers ne firent aucune difficulté d'obéir

à tout ce que la Princesse exigeait d'eux. Elle leur donna sa main à baiser, puis les ayant embrassés, ils descendirent avec le Maréchal et firent mettre la garde sous les armes. Le comte de Münich dit aux soldats de quoi il s'agissait : tous d'une commune voix lui répondirent qu'ils étaient prêts à le suivre partout où il les mènerait. On leur fit mettre les armes en état ; un officier avec quarante hommes fut laissé à la garde du drapeau ; les autres quatre-vingts marchèrent avec le Maréchal vers le Palais d'Été où le Régent logeait encore. Environ à deux cents pas de cette maison, la troupe fit halte ; le Maréchal envoya Manstein aux officiers de la garde du Régent pour leur dire les intentions de la princesse Anne ; ils ne firent pas plus de difficultés que les autres et s'offrirent même d'aider à arrêter le Duc, si on avait besoin d'eux. Alors le Maréchal dit à Manstein de prendre avec lui un officier et vingt fusiliers, d'entrer dans le Palais, d'arrêter le duc et, en cas de résistance, de le faire tuer sans miséricorde.

» Manstein étant entré dans le Palais ordonna à sa petite troupe de le suivre de loin pour ne pas faire de bruit. Toutes les sentinelles le laissèrent passer sans aucune opposition ; car comme il était connu de tous les soldats, ils s'imaginaient qu'il était envoyé au Duc pour quelque affaire de conséquence. Après avoir traversé les appartements il se trouva tout d'un coup dans un grand embarras, il ne connaissait pas la chambre à coucher du Duc et il ne voulait pas non plus la demander aux domestiques qui veillaient dans les antichambres, pour ne pas donner l'alarme. Après un moment de réflexion il résolut de pousser en avant, dans l'espérance de trouver enfin ce qu'il cherchait. Effectivement, ayant encore traversé deux chambres, il se trouva devant une porte fermée à clef; elle était heureusement à deux battants, et les domestiques avaient négligé de fermer les verrous en haut et en bas, de sorte qu'il n'eut pas grand'peine à la forcer. Il y trouva un grand lit où couchaient le Duc et la Duchesse, qui dormaient d'un sommeil si profond que le bruit qu'il fit en forçant la porte ne put les éveiller. Manstein, s'étant approché du lit, ouvrit les rideaux et demanda à parler au Régent; alors ils s'éveillèrent tous deux en sursaut et commencèrent à crier de toutes leurs forces, se doutant bien qu'il n'y était pas venu pour leur apporter de bonnes nouvelles. Manstein se jeta sur lui, et le tint étroitement embrassé jusqu'à ce que les gardes arrivèrent. Le Duc, s'étant enfin relevé, voulut se débarrasser d'entre les mains des soldats et donna des coups de poing à droite et à gauche. Les soldats à leur tour lui donnèrent de grands coups de crosse, le jetèrent à terre, lui mirent un mouchoir dans la bouche, lui lièrent les mains avec l'écharpe d'un officier et le portèrent tout nu devant le corps de garde où, l'ayant couvert d'un manteau de soldat, ils le mirent dans le carrosse du Maréchal qui l'y attendait. Un officier fut placé auprès de lui et on le conduisit au Palais d'Hiver... Celui qui a eu grande part dans cette affaire avoue qu'il ne saurait comprendre comment cela a pu réussir; car, selon les mesures prises par le Duc, l'affaire devait manquer; une seule sentinelle, qui aurait fait du bruit, aurait pu empêcher tout... Si un seul homme avait fait son devoir, on aurait échoué. »

(*Mémoires historiques, politiques et militaires sur la Russie*, par le général Manstein; nouvelle édition. Lyon, 1772, t. II, p. 98-109. Bibl. nat., M. 17 557.)

II

Voici le portrait que Clausewitz fait du prince Louis-Ferdinand de Prusse :

« C'était l'Alcibiade prussien. Les mœurs un peu désordonnées n'avaient pas laissé sa tête venir à maturité. Tout comme s'il avait été le premier-né de Mars, il possédait une incroyable richesse de cœur et de hardie résolution ; et de même qu'habituellement les aînés, fiers de leurs richesses, négligent le reste, il n'avait pas assez fait pour s'instruire sérieusement et développer son esprit. Les Français le nommaient un crâne ; si, par là, ils voulaient le traiter de tête folle sans esprit, le jugement était très erroné. Son courage n'était pas une brutale indifférence de la vie, mais un vrai besoin de grandeur, un véritable héroïsme. Il aimait la vie et en jouissait trop, mais le danger était en même temps pour lui un besoin de la vie, il était l'ami de sa jeunesse. S'il ne pouvait chercher le danger à la guerre, il le cherchait à la chasse, sur les grands fleuves, sur des chevaux indomptés, etc. Il était spirituel à un haut degré, d'une fine éducation, plein de gaieté, de lecture et de talents de toute sorte ; entre autres, il était musicien et pouvait passer pour un virtuose sur le clavier.

» Il avait à peu près trente ans ; il était grand, élancé et bien bâti. Ses traits étaient fins et nobles. Il avait le front haut, le nez un peu recourbé, de petits yeux bleus pleins d'un vif éclat, de belles couleurs, des cheveux blonds, bouclés. Il avait une tenue pleine de distinction, une démarche ferme et une manière de porter la poitrine et la tête où on voyait la fierté et l'amour-propre qui conviennent à un prince et à un soldat téméraire.

» La jouissance déréglée de la vie avait laissé sur ses nobles traits des traces d'une fatigue pré-coce, mais on n'y trouvait rien de vulgaire. Son expression n'était pas, comme on pourrait le croire, celle d'un libertin audacieux, parce qu'il régnait en lui de trop grandes idées et que le besoin intime de gloire et de grandeur paraissait comme un noble reflet sur son visage.

» Né avec de si nobles qualités et dans une si grande position, il serait forcément devenu un grand capitaine si une longue guerre l'y avait dressé, ou si un caractère plus sérieux et moins de négligence lui avaient permis, en temps de paix, une étude durable et l'examen des grandes relations de la vie. Il n'était pas, comme la plupart des hommes que nous avons vus, resté ignorant des événements de son temps en ce qui touchait la guerre et l'administration. Il ne restait pas persuadé, avec la foi du charbonnier, que la Prusse s'élevait forcément au-dessus de tout et que rien ne pouvait résister à la tactique prussienne.

» Les grands événements du monde l'occupaient vivement; les nouvelles idées et les nouveaux faits, recueillis par son esprit vif, bruissaient dans sa tête. Il se moquait de la minutie et de la pédanterie, avec lesquelles on voulait faire quelque chose de grand. Il cherchait à s'entourer des hommes les plus distingués dans toutes les sciences. Mais il n'y avait dans sa vie aucune heure de réflexion sérieuse, calme, personnelle, et par suite également aucune saine idée fondamentale, aucune conviction ferme conduisant à une action qui en aurait découlé. Son entourage de têtes distinguées lui nuisait plus qu'il ne lui servait, car il prenait la surface de leurs idées et en nourrissait son esprit sans jamais avoir une idée lui-même. Le sentiment excessif du courage lui donnait une fausse sûreté. Il arriva donc qu'il n'avait aucune pensée claire sur la guerre comme sur le reste, que la manière de la conduire maintenant lui était demeurée étrangère ; et, lorsqu'il eut à agir, il ne sut rien faire de mieux à Saalfeld que ce que les terrains de revue de Berlin, Potsdam et Magdebourg lui avaient appris. Comme il fallait s'y attendre, il évalua trop haut l'action de son courage ; il voulut résister non avec son intelligence, mais seulement avec son cœur. Il trouva la mort parce que, comme Talbot ne voulait pas laisser son bouclier, il ne voulut rien abandonner du terrain qui servait de champ de bataille ; et c'est là la dernière preuve, et la plus convaincante, de son désir de gloire et de grandeur.

» Déjà dans la guerre de la Révolution, quoiqu'il eût à peine vingt ans, le prince Louis avait combattu avec distinction à la tête d'une brigade, et s'il n'a pas alors fait beaucoup plus, la faute en est seulement au système plein de précautions des Daun et des Lascy d'après lequel on faisait la guerre, et à la manière ignorante dont on faisait tout le reste. Si on avait su utiliser habilement les forces naturelles de ce jeune lion, l'État en aurait dès lors retiré une grande utilité, et ces trois années auraient suffi à donner une base sérieuse à tout le reste de la vie du prince.

» Jeune, beau, général, prince, neveu du Grand Frédéric, distingué par un bouillant courage dans le danger et par sa fougue dans les jouissances de la vie, il devait bientôt devenir l'idole du soldat et des jeunes officiers. Mais les vieux guerriers prévoyants, qui avaient de grands pans à leurs vestes, hochaient la tête en songeant à un si jeune maître et pensaient que tant que ces forces exubérantes ne se seraient pas mises au point dans le service terre à terre des corps de troupe, il n'y aurait rien à en tirer. Le prince cherchait à se dédommager, à Francfort, de la pédanterie dans laquelle on aurait voulu le tenir enfermé auprès de l'armée; et il le faisait en trouvant une issue vers la table de jeu et une jouissance plus vive des joies de la société.

» Après la guerre, il resta comme lieutenant général avec son régiment à Magdebourg, sans avoir aucun autre commandement ni aucune autre affaire. Une inspection d'infanterie lui aurait convenu de droit; il aurait pu diriger avec distinction une inspection de cavalerie, car il était un des plus hardis cavaliers de la monarchie. Mais tout cela aurait été contre l'esprit de la conduite des affaires. A un jeune prince un peu turbulent et léger, on ne pouvait rien confier, même pas la surveillance éloignée qu'exerçait un général inspecteur sur ses régiments. Il est vrai qu'on lui avait confié à la guerre une brigade, c'est-à-dire la vie de milliers d'hommes; mais les gens pensaient moins à cela qu'à ce qu'il eût à bien recevoir les commandements du commandant de la ligne dans une bataille. Il aurait été encore plus inusité d'en faire un cavalier. Il n'y avait donc aucun moyen, dans la monarchie prussienne, d'utiliser ou d'occuper d'une manière quelconque un jeune prince aussi distingué.

« Il continuait donc à mener joyeuse vie, faisait de grandes dettes, dissipait ses forces en jouissances bruyantes, n'avait pas dans ces plaisirs la meilleure société, mais ne s'abaissait pas pour cela ; au contraire, il relevait la tête comme un bon nageur et son esprit restait toujours dans de nobles régions, toujours occupé des grandes affaires de l'État et de la patrie, toujours altéré d'honneur et de gloire. Lorsque la France, avec le début du xixe siècle, commença à faire sentir avec orgueil sa prépondérance aux autres puissances européennes, on commença à voir, en Prusse, que le rôle politique que jouait le gouvernement depuis la paix de Bâle n'était ni très honorable, ni très prudent et prévoyant. Cette opinion grandit d'année en année et atteignit son point culminant en 1805, quand l'Autriche déclara la guerre à la France. Il y avait, à la vérité, plusieurs opinions en Prusse : le prince Louis appartenait à celle qui tenait la résistance à la France pour indispensable, et une résistance précoce pour préférable à une résistance tardive. Son sentiment d'honneur comme prince prussien et neveu du Grand Frédéric, son bouillant courage, même sa légèreté insouciante devaient le pousser dans cette direction.

» Si des hommes plus calmes, d'un caractère plus sérieux et d'une pensée plus profonde, étaient du même avis pour de meilleures raisons, cela ne les empêchait pas de se lier étroitement au prince, qui devint ainsi à peu près le chef du parti qui tenait la guerre contre la France pour le devoir le plus essentiel.

» Lorsque les Français, dans leurs mouvements contre l'Autriche en 1805, violèrent avec mépris le territoire prussien en Franconie, cette opinion s'éleva jusqu'à l'exaltation.

» Le prince Louis s'agita avec zèle dans ce sens. mais sans plan spécial, et le seul résultat fut qu'il se rendit gênant pour le gouvernement. Du reste, le roi ne l'aimait pas particulièrement. Ses mœurs déréglées choquaient le sérieux du roi ; il lui attri-buait aussi une ambition sans frein qui naturelle-ment donne toujours un peu d'inquiétude à un roi, et ses qualités brillantes ne paraissaient pas assez solides à l'esprit hésitant du monarque. Le résultat principal de cette union d'opinion plus étroite des hommes les plus distingués de la capi-tale était en soi sans importance, mais dans l'histoire de la Prusse ce fut une explosion inouïe. L'opinion générale était qu'on devait ce système craintif au ministre Haugvitz et aux conseillers de cabinet Beyme et Lombard. Le prince Louis et ses amis politiques prirent par suite la résolution de déterminer le roi, par un mémoire politique, à renvoyer ces trois hommes et à se déclarer contre la France. On avait bien compté, comme cela arrive toujours en pareil cas, que le poids des signatures plus que celui des raisons devait porter le roi à changer son ministère et sa politique, si toutefois l'un et l'autre peuvent être dits siens. Le mémoire fut rédigé par le célèbre historien Johann von Müller, qui avait beaucoup de rapports avec le prince Louis, et signé par les frères du roi, les princes Henri et Guillaume, le beau-frère du roi le prince d'Orange, le prince Louis, son frère le prince Auguste, le général Ruchel (qui du reste n'était pas à Berlin, mais à l'armée), le général comte Schmettau, le ministre baron de Stein, et les colonels Phull et Scharnhorst. Le roi, comme on devait s'y attendre, prit très mal cette démarche, réprimanda vertement certains des signataires, envoya aussitôt les princes à l'armée, et laissa le mémoire sans réponse. Cet événement n'était pas fait pour mieux disposer le roi à l'égard du prince Louis. Ce prince alla à l'armée et prit le commandement de l'avant-garde de l'armée venant de Silésie sous les ordres du prince Hohenlohe. » (Clausewitz, *Notes sur la Prusse dans sa grande catastrophe, 1806*. Traduct. Niessel, p. 33 et suiv.)

III

L'ABBÉ PIATTOLI

On lit dans les *Mémoires* du prince Adam Czartoryski :

« L'abbé Piattoli fut appelé en Pologne par la princesse-maréchale Lubomirska, ma tante; elle le chargea de l'éducation du prince Henri Lubomirski, qu'elle avait adopté. A mon premier voyage à Paris, en 1776 et 1777, m'étant lié avec le prince Henri, je me trouvai tout naturellement sous l'influence de l'abbé Piattoli, influence qui ne put que m'être très salutaire. L'abbé Piattoli, comme tant d'autres qui portent ce titre, était séculier. C'était un homme très érudit; il s'était voué successivement à diverses branches de la science et avait une grande facilité de rédaction. Il possédait, en outre, un cœur chaleureux et capable de sacrifice... Il ne fut pas plutôt en position de connaître l'état de la Pologne et son mode de gouvernement, qu'il conçut l'idée de travailler à sa délivrance et s'en occupa tant qu'il put espérer que cette idée serait réalisée.

» L'état de mon pays, avant tous les bouleversements par lesquels il a passé depuis, était alors bien différent de ce qu'il est maintenant. C'était un calme plat après la tourmente. Les souvenirs de la confédération de Bar existaient sans doute dans la nation, il y avait bien un parti antirusse, mais faible et dont les efforts étaient impuissants à produire quelque résistance aux actes arbitraires de l'ambassade russe. Les noms les plus réputés dans le pays, ceux que l'on prononçait avec le plus de respect, s'étaient distingués pendant la confédération de Bar. Ainsi c'était M. le général Rzewuski qui était l'homme auquel il fallait s'adresser si l'on voulait travailler à préparer une existence plus libre pour la nation. J'écrivis sous la dictée de Piattoli un mémoire à ce sujet : il fut envoyé par une occasion sûre à mes parents dont je connaissais les sentiments, au maréchal Ignace Potocki et au général Rzewuski, tous deux gendres de la princesse-maréchale, ma tante. On espérait que cette réunion exercerait une influence salutaire et réussirait à amener quelques résultats pratiques. Je me rappelle avoir passé toute une nuit à transcrire ce mémoire, qui fut très bien accueilli. Je regrette de n'en plus retrouver la copie. Piattoli ne se sépara plus des Polonais et de leur cause : il continue à s'occuper de l'éducation du prince Henri et accompagna la princesse-maréchale en Angleterre, à Vienne, en Galicie; étant venu à Varsovie, pendant la grande diète, il fut appelé à devenir secrétaire du roi Stanislas lorsque ce prince, délivré du joug russe, se rallia au parti national. Il contribua, par son influence et ses conseils, à maintenir le Roi dans la nouvelle voie qu'il avait sincèrement adoptée. Plus tard, lorsque ce malheureux prince, cédant aux conseils du chancelier Chreptowiez, ministre constitutionel des affaires étrangères, subit les décisions fatales de la confédération de Targowiça, l'abbé Piattoli renonça à une position où il n'avait plus l'espoir de faire le bien.

» Piattoli avait beaucoup d'imagination : elle lui offrait les moyens de sortir d'embarras, mais il se distingua toujours par beaucoup de bon sens, de désintéressement et de facilité à se résigner aux nécessités de la situation. Après la chute de la Pologne, Piattoli trouva un refuge chez la duchesse de Courlande, qui l'avait connu à Varsovie. C'était à l'époque où elle était revenue réclamer, de la grande diète, ses droits sur la Courlande. Ses sentiments patriotiques polonais étaient très vifs et ne se démentirent jamais. Les affaires de la Courlande conduisirent la duchesse à Pétersbourg; **Piattoli** l'y accompagna; nous nous retrouvâmes avec plaisir; loin d'avoir oublié nos premières relations, il chercha, au contraire, à les renouer. Quant à moi, j'étais véritablement enchanté d'avoir sous la main un instrument aussi sûr et aussi capable. Il ne fallait qu'indiquer les points principaux d'une négociation ou d'un système, pour qu'il en développât toutes les conséquences; il était ordinairement trop abondant dans les moyens qu'il proposait, mais en revanche parfaitement préparé à les réduire ou à les modifier selon les observations qui lui étaient faites. » (Czartoryski, *Mémoires*, t. I, pp. 392 et suiv.)

IV

LE RÉGIME SANITAIRE DE L' « ÉMILE »

« Tous ceux qui ont réfléchi sur la manière de vivre des anciens attribuent aux exercices de la gymnastique cette vigueur de corps et d'âme qui les distingue le plus sensiblement des modernes. La manière dont Montaigne appuie ce sentiment montre qu'il en étoit fortement pénétré; il y revient sans cesse et de mille façons. En parlant de l'éducation d'un enfant, pour lui roidir l'âme, il faut, dit-il, lui durcir les muscles; en l'accoutumant au travail, on l'accoutume à la douleur; il le faut rompre à l'âpreté des exercices, pour le dresser à l'âpreté de la dislocation, de la colique, et de tous les maux. Le sage Locke, le bon Rollin, le savant Fleuri, le pédant de Crouzas, si différents entre eux dans tout le reste, s'accordent tous en ce seul point d'exercer beaucoup les corps des enfants. C'est le plus judicieux de leurs préceptes ; c'est celui qui est et sera toujours négligé. J'ai déjà suffisamment parlé de son importance, et comme on ne peut là-dessus donner de meilleures raisons ni des règles plus sensées que celles qu'on trouve dans le livre de Locke, je me contenterai d'y renvoyer, après avoir pris la liberté d'ajouter quelques observations aux siennes.

» Les membres d'un corps qui croît doivent être tous au large dans leur vêtement ; rien ne doit gêner leur mouvement ni leur accroissement, rien de trop juste, rien qui colle au corps ; point de ligatures. L'habillement françois, gênant et malsain pour les hommes, est pernicieux surtout aux enfants. Les humeurs stagnantes, arrêtées dans leur circulation, croupissent dans un repos qu augmente la vie inactive et sédentaire, se corrompent et causent le scorbut, maladie tous les jours plus commune parmi nous, et presque ignorée des anciens, que leur manière de se vêtir et de vivre en préservoit. L'habillement du houssard, loin de remédier à cet inconvénient, l'augmente, et pour sauver aux enfants quelques ligatures, les presse par tout le corps. Ce qu'il y a de mieux à faire est de les laisser en jaquette aussi longtemps que possible, puis de leur donner un vêtement fort large, et de ne se point piquer de marquer leur taille, ce qui ne sert qu'à la déformer. Leurs défauts du corps et de l'esprit viennent presque tous de la même cause : on les veut faire hommes avant le temps.

» Il y a des couleurs gaies et des couleurs tristes : les premières sont plus du goût des enfants; elles leur siéent mieux aussi; et je ne vois pas pourquoi l'on ne consulteroit pas en ceci des convenances si naturelles : mais du moment qu'ils préfèrent une étoffe parce qu'elle est riche, leurs cœurs sont déjà livrés au luxe, à toutes les fantaisies de l'opinion; et ce goût ne leur est sûrement pas venu d'eux-mêmes. On ne sauroit dire combien le choix des vêtements et les motifs de ce choix influent sur l'éducation. Non seulement d'aveugles mères promettent à leurs enfants des parures pour récompense, on voit même d'insensés gouverneurs menacer leurs élèves d'un habit plus grossier et plus simple comme d'un châtiment. « Si vous n'étudiez mieux, si vous ne conservez mieux vos hardes, on vous habillera comme ce petit paysan. » C'est comme s'ils leur disoient : « Sachez que l'homme n'est rien que par ses habits, que votre prix est tout dans les vôtres. » Faut-il s'étonner que de si sages leçons profitent à la jeunesse, qu'elle n'estime que la parure, et qu'elle ne juge du mérite que sur le seul extérieur?

» Si j'avois à remettre la tête d'un enfant ainsi

gâté, j'aurois soin que ses habits les plus riches fussent les plus incommodes, qu'il y fût gêné, toujours contraint, toujours assujetti de mille manières ; je ferois fuir la liberté, la gaieté devant sa magnificence : s'il vouloit se mêler aux jeux d'autres enfants plus simplement mis, tout cesseroit, tout disparoîtroit à l'instant. Enfin je l'ennuierois, je le rassasierois tellement de son faste, je le rendrois tellement l'esclave de son habit doré, que j'en ferois le fléau de sa vie, et qu'il verroit avec moins d'effroi le plus noir cachot que les apprêts de sa parure. Tant qu'on n'a pas asservi l'enfant à nos préjugés, être à son aise et libre est toujours son premier désir ; le vêtement le plus simple, le plus commode, celui qui l'assujettit le moins, est toujours le plus précieux pour lui.

» Il y a une habitude du corps convenable aux exercices, et une autre plus convenable à l'inaction. Celle-ci, laissant aux humeurs un cours égal et uniforme, doit garantir le corps des altérations de l'air ; l'autre le faisant passer sans cesse de l'agitation au repos et de la chaleur au froid, doit l'accoutumer aux mêmes altérations. Il suit de là que les gens casaniers et sédentaires doivent s'habiller chaudement en tout temps, afin de se conserver le corps dans une température uniforme, la même à peu près dans toutes les saisons et à toutes les heures du jour. Ceux, au contraire, qui vont et viennent, au vent, au soleil, à la pluie, qui agissent beaucoup, et passent la plupart de leur temps *sub dio*, doivent être toujours vêtus légèrement, afin de s'habituer à toutes les vicissitudes de l'air et à tous les degrés de température, sans en être incommodés. Je conseillerois aux uns et aux autres de ne point changer d'habits selon les saisons, et ce sera la pratique constante de mon Émile, en quoi je n'entends pas qu'il porte l'été ses habits d'hiver, comme les gens sédentaires, mais qu'il porte l'hiver ses habits d'eté comme les gens laborieux. Ce dernier usage a été celui du chevalier Newton pendant toute sa vie, et il a vécu quatre-vingts ans.

» Peu ou point de coiffure en toute saison. Les anciens Égyptiens avoient toujours la tète nue, les Perses la couvroient de grosses tiares, et la ccuvrent encore de gros turbans, dont, selon Chardin, l'air du pays leur rend l'usage nécessaire. J'ai remarqué dans un autre endroit la distinction que fit Hérodote sur un champ de bataille entre les crànes des Perses et ceux des Égyptiens. Comme donc il importe que les os de la tête deviennent plus durs, plus compacts, moins fragiles et moins poreux, pour mieux armer le cerveau non seulement contre les blessures, mais contre les rhumes, les fluxions, et toutes les impressions de l'air, accoutumez vos enfants à demeurer été et hiver, jour et nuit, toujours tête nue. Que si, pour la propreté et pour tenir leurs cheveux en ordre, vous leur voulez donner une coiffure durant la nuit, que ce soit un bonnet mince à claire-voie, et semblable au réseau dans lequel les Basques enveloppent leurs cheveux. Je sais bien que la plupart des mères, plus frappées de l'observation de Chardin que de mes raisons, croiront trouver partout l'air de Perse; mais moi je n'ai pas choisi mon élève européen pour en faire un Asiatique.

En général, on habille trop les enfants et surtout durant le premier âge. Il faudroit plutôt les endurcir au froid qu'au chaud : le grand froid ne les incommode jamais quand on les y laisse exposés de bonne heure; mais le tissu de leur peau, trop tendre et trop lâche encore, laissant un trop libre passage à la transpiration, les livre par l'extrème chaleur à un épuisement inévitable. Aussi remarque-t-on qu'il en meurt plus dans le mois d'août que dans aucun autre mois. D'ailleurs il paraît constant, par la comparaison des peuples du Nord et de ceux du Midi, qu'on se rend plus robuste en supportant l'excès du froid que l'excès de la chaleur. Mais, à mesure que l'enfant grandit et que ses fibres se fortifient, accoutumez-le peu à peu à braver les rayons du soleil ; en allant par degré vous l'endurcirez sans danger aux ardeurs de la zone torride.

» Locke, au milieu des préceptes mâles et sensés qu'il nous donne, retombe dans des contradictions qu'on n'attendroit pas d'un raisonneur aussi exact. Ce même homme, qui veut que les enfants se baignent l'été dans l'eau glacée, ne veut pas, quand ils sont échauffés, qu'ils boivent frais, ni qu'ils se couchent par terre dans des endroits humides. Mais puisqu'il veut que les souliers des enfants prennent l'eau dans tous les temps, la prendront-ils moins quand l'enfant aura chaud ? et ne peut-on pas lui faire du corps, par rapport aux pieds, les mêmes inductions qu'il fait des pieds par rapport aux mains, et du corps par rapport au visage ? Si vous voulez, lui dirois-je, que l'homme soit tout visage, pourquoi me blâmez-vous de vouloir qu'il soit tout pieds ?

» Pour empêcher les enfants de boire quand ils ont chaud, il prescrit de les accoutumer à manger préalablement un morceau de pain avant que de boire. Cela est bien étrange que, quand l'enfant a soif, il faille lui donner à manger ; j'aimerois mieux, quand il a faim, lui donner à boire. Jamais on ne me persuadera que nos premiers appétits soient si déréglés, qu'on ne puisse les satisfaire sans nous exposer à périr. Si cela étoit, le genre humain se fût cent fois détruit avant qu'on eût appris ce qu'il faut faire pour le conserver.

» Toutes les fois qu'Émile aura soif, je veux qu'on lui donne à boire ; je veux qu'on lui donne de l'eau pure et sans aucune préparation, pas même de la faire dégourdir, fût-il tout en nage, et fût-on dans le cœur de l'hiver. Le seul soin que je recommande est de distinguer la qualité des eaux. Si c'est de l'eau de rivière, donnez-la-lui sur-le-champ telle qu'elle sort de la rivière ; si c'est de l'eau de source, il la faut laisser quelque temps à l'air avant qu'il la boive. Dans les saisons chaudes les rivières sont chaudes : il n'en est pas de même des sources, qui n'ont pas reçu le contact de l'air ; il faut attendre qu'elles soient à la température de l'atmosphère. L'hiver, au contraire, l'eau de source est à cet égard moins dangereuse que l'eau de rivière. Mais il n'est ni naturel ni fréquent qu'on se mette l'hiver en sueur, surtout en plein air, car l'air froid, frappant incessamment sur la peau, répercute en dedans la sueur et empêche les pores de s'ouvrir assez pour lui donner un passage libre. Or, je ne prétends pas qu'Émile s'exerce l'hiver au coin d'un bon feu, mais dehors, en pleine campagne, au milieu des glaces. Tant qu'il ne s'échauffera qu'à faire et lancer des balles de neige, laissons-le boire quand il aura soif; qu'il continue de s'exercer après avoir bu, et n'en craignons aucun accident. Que si par quelque autre exercice il se met en sueur et qu'il ait soif, qu'il boive froid, même en ce temps-là. Faites seulement en sorte de le mener au loin et à petits pas chercher son eau. Par le froid qu'on suppose, il sera suffisamment rafraîchi en arrivant pour la boire sans aucun danger. Surtout prenez ces précautions sans qu'il s'en aperçoive. J'aimerois mieux qu'il fût quelquefois malade que sans cesse attentif à sa santé.

» Il faut un long sommeil aux enfants, parce qu'ils font un extrême exercice. L'un sert de correctif à l'autre; aussi voit-on qu'ils ont besoin de tous deux. Le temps du repos est celui de la nuit, il est marqué par la nature. C'est une observation constante que le sommeil est plus tranquille et plus doux tandis que le soleil est sous l'horizon, et que l'air échauffé de ses rayons ne maintient pas nos sens dans un si grand calme. Ainsi l'habitude la plus salutaire est certainement de se lever et de se coucher avec le soleil. D'où il suit que dans nos climats l'homme et tous les animaux ont en général besoin de dormir plus longtemps l'hiver que l'été. Mais la vie civile n'est pas assez simple, assez naturelle, assez exempte de révolutions, d'accidents, pour qu'on doive accoutumer l'homme à cette uniformité, au point de la lui rendre nécessaire. Sans doute il faut s'assujettir aux règles, mais la première est de pouvoir les enfreindre sans risque quand la nécessité le veut. N'allez donc pas amollir indiscrètement votre élève dans la continuité d'un paisible sommeil, qui ne soit jamais interrompu. Livrez-le d'abord sans gêne à la loi de la nature; mais n'oubliez pas que parmi nous il doit être au-dessus de cette loi; qu'il doit pouvoir se coucher tard, se lever matin, être éveillé brusquement, passer les nuits debout sans en être incommodé. En s'y prenant assez tôt, en allant toujours doucement et par degrés on forme le tempérament aux mêmes choses qui le détruisent quand on l'y soumet déjà tout formé.

» Il importe de s'accoutumer d'abord à être mal couché; c'est le moyen de ne plus trouver de mauvais lit. En général, la vie dure, une fois tournée en habitude, multiplie les sensations agréables : la vie molle en prépare une infinité de déplaisantes. Les gens élevés trop délicatement ne trouvent plus de sommeil que sur le duvet; les gens accoutumés à dormir sur des planches le trouvent partout : il n'y a point de lit dur pour qui s'endort en se couchant.

» Un lit mollet, où l'on s'ensevelit dans la plume

ou dans l'édredon, fond et dissout le corps pour ainsi dire. Les reins enveloppés trop chaudement s'échauffent. De là résultent souvent la pierre ou d'autres incommodités et infailliblement une complexion délicate qui les nourrit toutes.

» Le meilleur lit est celui qui procure un meilleur sommeil. Voilà celui que nous nous préparons, Émile et moi, pendant la journée. Nous n'avons pas besoin qu'on nous amène des esclaves de Perse pour faire nos lits; en labourant la terre nous remuons nos matelas.

» Je sais par expérience que quand un enfant est en santé, l'on est maître de le faire dormir et veiller presque à volonté. Quand l'enfant est couché, et que de son babil il ennuie sa bonne, elle lui dit : « Dormez »; c'est comme si elle lui disait : « Portez-vous bien ! » quand il est malade. Le vrai moyen de le faire dormir est de l'ennuyer lui-même. Parlez tant qu'il soit forcé de se taire, et bientôt il dormira : les sermons sont toujours bons à quelque chose; autant vaut le prêcher que le bercer : mais si vous employez le soir ce narcotique, gardez-vous de l'employer le jour.

» J'éveillerai quelquefois Émile, moins de peur qu'il ne prenne l'habitude de dormir trop longtemps que pour l'accoutumer à tout, même à être éveillé brusquement. Au surplus, j'aurois bien peu de talent pour mon emploi, si je ne savois pas le forcer à s'éveiller de lui-même, et à se lever, pour ainsi dire, à ma volonté, sans que je lui dise un seul mot.

» S'il ne dort pas assez, je lui laisse entrevoir pour le lendemain une matinée ennuyeuse, et lui-même regardera comme autant de gagné tout ce qu'il en pourra laisser au sommeil : s'il dort trop, je lui montre à son réveil un amusement de son goût. Veux-je qu'il s'éveille à point nommé, je lui dis : « Demain à six heures on part pour la pêche, on se va promener à tel endroit; voulez-vous en être? » Il consent, il me prie de l'éveiller; je promets, ou je ne promets point selon le besoin : s'il s'éveille trop tard, il me trouve parti. Il aura du malheur si bientôt il n'apprend à s'éveiller de lui-même.

» Au reste, s'il arrivoit, ce qui est rare, que quelque enfant indolent eût du penchant à croupir dans la paresse, il ne faut point le livrer à ce penchant, dans lequel il s'engourdiroit tout à fait, mais lui administrer quelque stimulant qui l'éveille. On conçoit bien qu'il n'est pas question de le faire agir par force, mais de l'émouvoir par quelque appétit qui l'y porte; et cet appétit, pris avec choix dans l'ordre de la nature, nous mène à la fois a deux fins.

» Je n'imagine rien dont, avec un peu d'adresse, on ne pût inspirer le goût, même la fureur, aux enfants, sans vanité, sans émulation, sans jalousie. Leur vivacité, leur esprit imitateur, suffisent; surtout leur gaieté naturelle, instrument dont la prise est sûre, et dont jamais précepteur ne sut s'aviser. Dans tous les jeux où ils sont bien persuadés que ce n'est que jeu, ils souffrent sans se plaindre, et même en riant, ce qu'ils ne souffriraient jamais autrement sans verser des torrents de larmes. Les longs jeûnes, les coups, la brûlure, les fatigues de toute espèce, sont les amusements des jeunes sauvages; preuve que la douleur même a son assaisonnement qui peut en ôter l'amertume : mais il n'appartient pas à tous les maîtres de savoir apprêter ce ragoût, ni peut-être à tous les disciples de le savourer sans grimace. Me voilà de nouveau, si je n'y prends garde, égaré dans les exceptions.

» Ce qui n'en souffre point est cependant l'assujettissement de l'homme à la douleur, aux maux de son espèce, aux accidents, aux périls de la vie, enfin à la mort : plus on le familiarisera avec toutes ces idées, plus on le guérira de l'importune sensibilité qui ajoute au mal l'impatience de l'endurer; plus on l'apprivoisera avec les souffrances qui peuvent l'atteindre, plus on leur ôtera, comme eût dit Montaigne, la pointure de l'étrangeté, et plus aussi on rendra son âme invulnérable et dure : son corps sera la cuirasse qui rebouchera tous les traits dont il pourrait être atteint au vif. Les approches même de la mort n'étant point la mort, à peine la sentira-t-il comme telle ; il ne mourra pas, pour ainsi dire ; il sera vivant ou mort, rien de plus. C'est de lui que le même Montaigne eût pu dire, comme il a dit d'un roi de Maroc, que nul homme n'a vécu si avant dans la mort. La constance et la fermeté sont, ainsi que les autres vertus, des apprentissages de l'enfance : mais ce n'est pas en apprenant leurs noms aux enfants qu'on les leur enseigne, c'est en les leur faisant goûter, sans qu'ils sachent ce que c'est.

» Mais, à propos de mourir, comment nous conduirons-nous avec notre élève relativement au danger de la petite vérole? La lui ferons-nous inoculer en bas âge, ou si nous attendrons qu'il la prenne naturellement? Le premier parti, plus conforme à notre pratique, garantit du péril l'âge où la vie est le plus précieux, au risque de celui où elle l'est le moins, si toutefois on peut donner le nom de risque à l'inoculation bien administrée.

» Mais le second est plus dans nos principes généraux, de laisser faire en tout la nature dans les soins qu'elle aime à prendre seule, et qu'elle abandonne aussitôt que l'homme veut s'en mêler. L'homme de la nature est toujours préparé : laissons-le inoculer par ce maître, il choisira mieux le moment que nous. » (*Émile,* livre II.)

V

LETTRES INÉDITES DE L'ABBÉ PIATTOLI

PRÉCEPTEUR PHILOSOPHE DE L'ÉCOLE DE CONDILLAC

A LA PRINCESSE DOROTHÉE DE COURLANDE

Saint-Pétersbourg, 2 décembre 1804.

Chère petite amie, c'est aujourd'hui le premier jour que je puis m'entretenir avec vous à mon aise, et répondre à vos deux premières lettres, car je présume qu'il y en a d'autres sans doute qui ne me sont pas encore parvenues, comme mon cœur vous le demande.

... Je commence par vous remercier des détails que vous me donnez de votre *examen*, et de vos journées. Quant à celles-ci elles se ressembleront toutes à peu près, dans cette saison surtout, qui est destinée, vous le savez, à préparer le développement de votre esprit et de votre caractère par la marche la plus constante et la plus régulière. La bonne amie en sent aussi bien que moi toute l'importance, et vous tâcherez de la seconder par cette tenue, par cet esprit d'ordre et de suite que nous vous avons recommandé sans cesse, et dont vous avez fait un article dans votre *seconde conscience*. Les deux points sur lesquels, chère petite amie, tu as eu quelques reproches à te faire, sont très essentiels. — Tu t'accuses de t'être *moquée* de quelques personnes! De tous les sentiments injustes qui peuvent germer dans notre âme par rapport aux défauts des autres, c'est le mépris; et de tous les moyens de manifester ce sentiment, le plus indélicat, je dirai même le plus atroce, c'est la moquerie. Les défauts qu'on connaît ou qu'on trouve dans les autres ne sont proprement que des leçons pour nous-mêmes. Ils nous rappellent nos défauts à nous et nous affligent ou nous humilient, bien loin d'avoir envie d'en rire. On nous dit tous les jours, chère enfant, que nous devons traiter notre prochain comme nous voudrions en être traités. Je crois qu'on pourrait aussi bien nous dire que nous devons nous traiter nous-mêmes comme nous traitons ordinairement les autres : à ceux-ci nous ne pardonnons rien, nous exigeons d'eux toutes les perfections, toutes les qualités possibles. Faisons-en autant pour nous, chère enfant, et nous serons infiniment meilleurs. L'humeur que tu te reproches aussi d'avoir eue pour les lectures de l'après-souper, mérite toute ton attention. Tu es naturellement portée à t'en prendre pour la moindre chose qui te contrarie. Hélas! chère enfant, notre vie entière est un tissu de traverses, de contrariétés, de *désappointement*. Plus le rang, la fortune, et les autres avantages de la naissance et du hasard, nous ont placés *plus haut* dans la société, plus nous devons faire provision de douceur, de bonté, de patience, en un mot; et plus nous devons nous accoutumer à maintenir nos volontés, nos devoirs et à nous résigner aux obstacles, qui réagiront sur nous de toutes parts. Plus on est grand dans le monde, plus on y a des rapports et des devoirs; par conséquent, plus de privations et plus de victoires sur nous-mêmes nous attendent. A mesure que tu avanceras en âge tu le verras, et le bonheur de ta vie dépend de cette vérité bien sentie. — Chère enfant, vous pourrez relire ces réflexions à votre aise et à côté de la bonne amie, qui vous en fera le commentaire et l'application en pratique. — Elle m'a accusé de t'avoir gâté l'esprit, en te donnant le goût des *Amadis* et des *Lionel*. Je ne m'en défends pas. C'est à toi de montrer que les héros dont tu aimes tant les exploits n'ont fait au fond que l'apprendre que pour devenir des *Héros pareils*, ils ont tous infiniment souffert et n'ont cessé de combattre. — Chère enfant, les monstres, les géants, les enchanteurs des Amadis sont nos passions, nos vices, nos illusions, nos défauts. Sous ce point de vue, et sachant par cœur Don Quichotte, Amadis pourra t'être bien utile. Pour cela, lorsque la bonne amie qui doit te guider en tout te propose une lecture ou t'en déconseille une autre et que tu te trouves contrariée par là, pense, je te prie, que cette contrariété n'est qu'un géant, qu'un monstre forgé par ton imagination. Rappelle-toi alors ton Amadis et va courageusement terrasser ton *ennemie* pour l'amour de ton perfectionnement, comme il l'eût fait pour l'amour de sa Dame. — Ta bonne amie sera la fée bienfaisante qui te surviendra et qui ira à ton secours dans le danger.

Saint-Pétersbourg, 17 décembre 1804.

La nouvelle année s'approche à grands pas, chère bonne enfant. Elle sera encore plus près, lorsque vous lirez ce billet. Vous n'attendez pas des vœux d'un ami tel que moi. Ils sont ceux de tous les jours, de tous les instants de ma vie. Ils sont tous dans cette pensée, qu'en comptant une année de plus, vous puissiez en compter une aussi de progrès dans votre caractère, dans votre santé, dans vos études, dans vos talents. Plus notre carrière avance, et plus la société acquiert des droits sur nous. Objet des tendres sollicitudes de la meilleure des mères; objet des soins inappréciables d'une excellente amie, entourée d'exemples, de lumières, de vertus et de tous les charmes de la bonté et de l'amabilité, que ne doit-on pas attendre de vous? — Cette vérité importante, chère Dorothée, vous est bien connue, mais on ne saurait trop la répéter à un enfant qu'on aime et dont on veut le bonheur. Dans le peu de temps que je suis ici, j'ai eu bien des occasions d'entendre, ou de voir de près les suites de quelques éducations célèbres, heureuses ou manquées. C'est dans le grand monde que la petitesse des idées, des sentiments, des maximes se montre le plus à découvert parce que le contraste en est d'autant plus frappant. C'est au milieu de toute la splendeur du rang que la morgue froide et la hauteur désobligeante offrent aux regards leurs traits hideux, c'est au sein de l'abondance et du luxe qu'on aperçoit le mieux le vide des âmes et la pauvreté des esprits. Bonne enfant, j'en ai été si vivement et si fraîchement frappé que j'en parle avec la même horreur que vous parliez, il y a quelque temps, des chats, quelque petits, quelque charmants qu'ils peuvent être. Adieu, chère, chère enfant. J'attends avec impatience de vos nouvelles. Il y a plus d'un long mois que j'en manque; vous me parlerez de vos occupations, de vos amusements, de vos jeunes amies, et surtout du retour de l'angélique maman !

Mille choses de ma part, *en bon anglais*, je vous prie, à madame Herz à qui on peut et on aime parler en tant de langues ; assurez de mon parfait retour tous ceux qui ont la bonté de se souvenir de moi. Adieu encore une fois. Et les religieuses sont-elles mondaines, ou conservent-elles l'esprit et la coutume de leur état ?

Le bon tuteur arrive et vous dit mille tendresses.

Saint-Pétersbourg, 25 décembre 1804.

Je vous félicite, chère bonne enfant, des journées *sans reproches* que vous m'annoncez, et que je compte avec plaisir, et je vous félicite encore plus de la franchise qui vous a fait avouer certains *mauvais quarts d'heure*, et de la manière dont la bonne amie me mande que vous les avez expiés. Oui, chère Dorothée, nos défauts, comme nos maladies, dès qu'on les connaît et qu'on les attaque de bonne heure à leur source sont bientôt guéris. Il en est qu'il faut poursuivre jusqu'à extinction ; et gare aux rechutes !

Que de plaisir a dû vous faire le retour de votre adorable mère ! Je vous vois d'ici, chère enfant, et j'ai été attendri jusqu'aux larmes au spectacle de ce moment! Puis sont venus les cadeaux, les souvenirs, les marques de bonté de cette maman unique! Puis la charmante petite montre, ce talisman minutieux qui aura le pouvoir de vous empêcher de sauter; et les pendeloques qui auront celui de vous faire tenir la tête à sa place. Tout en un mot, tout m'a, ou plutôt nous avait touchés, le bon tuteur et moi; et notre joie a été à peu près aussi enfantine que la vôtre. Et moi aussi, chère bonne enfant, j'ai reçu mes cadeaux! Mon cœur en était pénétré et je vous prie d'en être l'interprète auprès de l'angélique et bienfaisante maman. Mes remerciements passant par votre bouche gagneront une chaleur et une expression que toutes mes lettres et paroles ne sauraient leur donner.

La bonne amie a beaucoup souffert. Je le vois par son dernier numéro, par vos lettres et par celles de ma croix. Vous l'avez soignée, sans doute, à côté de maman, et vous aurez pris sur vous de lui épargner toutes les angoisses, comme parfois la vivacité! — Hélas! et le premier médecin était au 60° degré! — Les extraits de vos lectures du soir seront d'un grand intérêt pour moi. Ils seront bien courts, j'en suis sûr, car vous aimez à abréger et le *laconisme* est en grande faveur chez vous. Mais tant mieux, s'il y a tout ce qu'il faut, on ne peut qu'y applaudir. Le *babil* ne vaut jamais rien.

Mes remerciements à la petite Louise qui, j'espère, aura bien des robes et des ouvrages de sa jolie main à nous montrer à notre retour. Vous verrez, chère enfant, que je n'ai pas oublié nos religieuses. Vous aurez de plus longues réponses à vos jolis numéros, par une bonne occasion. Hé oui! la bonne amie se moque parfois, — mais les occasions sûres pour commérer de loin entre amis, c'est précieux!

Adieu, chère enfant. Le bon tuteur vous embrasse, comme il vous aime, c'est vous dire de tout son cœur. Il ne peut parler de vous sans un extrême attendrissement; que sera-ce quand vous serez dans l'âge d'apprécier ses soins et que vous aurez parfaitement répondu à tous nos vœux!

Vous me demandez, bonne enfant, de vous écrire des choses amusantes! ah! ma petite amie! que cela est difficile par le froid qu'il fait, et à la distance où nous sommes!

Distribuez, je vous prie, mes amitiés, mes compliments, mes respects dans votre société, à commencer par madame d'Acerenza, les princes, etc., les bienheureux, etc.!

Saint-Pétersbourg, 3 janvier 1805.

Chère bonne enfant, je vous dois de bien tendres remerciements pour tous les détails que vous me donnez de vos journées, et de vos amusements. J'apprends, avec tout l'intérêt que vous me connaissez pour vous, que le dessin continue et qu'il vous fait plaisir. Il se peut, chère enfant, qu'en rapprochant vos cahiers, vous y voyiez nos extraits ou des morceaux que vous aurez copiés. Tâchez, de grâce, de vous comparer à vous-même et de voir si vous avancez ou si vous reculez. Soignez surtout l'orthographe française. S'il m'était possible d'écrire longuement aujourd'hui, j'aurais de jolies anecdotes à vous raconter, dont quelques-unes vous frapperaient, j'en suis sûr, et vous engageraient à profiter des belles années de votre éducation. Dites, je vous prie, bien des choses à toute la société du mercredi et du soir. Je n'ai pas manqué un seul mercredi de boire à vos santés. Adieu, bonne enfant. Vous savez que je vous aime. Le bon tuteur vous embrasse.

Saint-Pétersbourg, 6 janvier 1805.

Je vous remercie bien tendrement, chère bonne enfant, du petit dernier billet que j'ai reçu de votre part. Il est bien écrit et bien orthographié. De grâce, continuez à vous soigner, c'est une chose absolument nécessaire. Madame Czarowska m'a écrit une très aimable lettre. Elle me parle de vous et de votre danse. Vous ne danserez, chère Dorka, que jusqu'à vingt ans, plus ou moins ; mais la musique vous accompagnera, vous distraira, vous consolera toute la vie ! Si par amitié pour moi, vous pouviez vous mettre en état de me dédommager de mon absence, à mon retour, par une sonate joliment exécutée, par une suite de *gammes*, telles que je les aime, je croirais que le ciel s'est ouvert pour me faire jouir d'un avant-goût de bonheur. Adieu, chère aimable Dorka. Voilà le bon tuteur qui m'envoie cette petite réponse pour vous. Ce sont des vers charmants et un des plus jolis morceaux sortis de sa plume. Vous ne tarderez pas à le remercier et vous ferez lire ces vers le premier mercredi après avoir reçu ce billet.

Mettez-moi aux pieds de la bonne adorable maman qui a fait de la charmante musique ce dernier jour de l'an ! Saluez tous nos bons amis.

Soyez bonne, aimable, obligeante, égale : ce sont les conseils d'un bon ami. Aujourd'hui on a béni l'eau de la Néva et les drapeaux de l'Empereur. C'est, dit-on, une superbe cérémonie. Quand nous nous reverrons, je vous en ferai la description. Adieu. Adieu.

Saint-Pétersbourg, 11 janvier 1805.

Je vous remercie, ma chère bonne petite amie, des intéressants petits détails de votre veille de Noël et des charmants cadeaux qui vous ont tant fait de plaisir. Si la chaîne que la bonne amie vous a donnée de ma part a pu ajouter quelque chose aux sensations agréables que vous a causées la montre, j'en suis aussi heureux que vous. — Chère enfant, que je suis content de voir par la première ligne de vos lettres, jour pour jour, que vous vous êtes défaite de certains défauts essentiels qui faisaient les objets de vos examens ! C'est là ce qui doit surtout intéresser ma tendresse pour vous et me permettre une jouissance vraiment pure, vraiment céleste, en vous trouvant délivrée, dans l'intervalle, de la plupart de vos petites mauvaises habitudes. Je compte avec complaisance les jours où vous n'avez trouvé rien à vous reprocher et je désire que ce ne soit ni légèreté dans l'examen, ni manque de sévérité pour vous-même qui vous donnent cette aimable sécurité. La bonne maman, notre excellente amie sont contentes de vous; cela me rassure à mon tour, chère petite amie, et me fait désirer de vous avoir au plus tôt. Mais hélas! quand sera-ce que je le pourrai! J'ai assisté, avec le bon tuteur, à l'*heiliger Christ* de la charmante petite comtesse Augustine de Goltz; sa joie me rappelle la vôtre et nous avons parlé de vous à la société qui nous entourait.

Le peuple d'ici fera une fête l'avant-veille et la veille de Noël à la russe, le 4 et le 5 de ce mois. C'est un marché sur une place inconnue. Il y a toute sorte de provisions en tout genre, surtout en mangeaille, et la foule innombrable de vendeurs, d'acheteurs et de spectateurs fait un tableau unique. Heureusement cette année la saison a permis que toutes ces provisions soient arrivées en bon état; ordinairement le dégel en gâte beaucoup. Adieu, chère Dorka, le bon tuteur vient me prendre. Mille tendres choses à tous. Adieu.

Saint-Pétersbourg, 17/29 janvier 1805.

Il me faudrait répondre, chère bonne enfant, à deux de vos billets à la fois, mais je n'en aurai pas le temps. J'ai eu du monde, votre avocat et votre excellent chevalier. Ce dernier, à qui j'ai dit que dans toutes vos lettres vous vous souvenez de lui, m'a chargé de vous remercier tendrement et de vous prier de vouloir le rappeler au souvenir de la bonne amie et, par elle, aux bontés de l'adorable maman.

Merci, bonne enfant, du compte rendu de vos journées. J'y suis vraiment sensible et j'y donne toute mon attention. Les deux défauts qui semblent l'emporter sur les autres sont donc, chère enfant, le babil et l'impatience. Tous deux sont de votre âge, de cet âge où la parole devance la réflexion et où l'expérience ne nous a pas appris encore à souffrir. Cela se corrigera, bonne enfant, surtout si vous vous donnez la peine de vous observer et d'examiner, à côté de la bonne amie, combien il est dangereux de trop parler et combien il est inutile de s'impatienter. Je suis bien aise que le dessin, la danse et l'anglais aillent bien ; le reste ira à merveille aussi et je m'attends à voir, avec grand plaisir, les petits extraits d'histoire et à faire, à notre ancienne manière, nos

examens de géographie. Et nos comptes? — Oh!
dans quelques semaines j'entendrai tout cela et
je me dédommagerai avec usure de toutes les privations de ma trop longue absence. — Je ne doute
nullement du plaisir que doit vous faire l'aimable
et intéressante société de madame Schiekler.
Tout ce que j'ai entendu de cette dame m'en doit
convaincre et je désire d'en partager bientôt les
soirées.

Savez-vous, chère enfant, que je ne saurais me
rappeler le sens de ce mot *bienheureux* que ni
vous, ni la bonne amie n'avez pu deviner! Dieu
sait si j'ai écrit cela ou si je l'ai rêvé, car j'ai
écrit souvent dans l'après dîner et, tombant de
fatigue, cédé au sommeil.

Adieu, chère bonne enfant. Dites les plus jolies
choses en bon anglais à madame Herz, que je
félicite sur son parfait rétablissement; sa lettre au
bon tuteur nous en est le garant. Adieu encore
une fois. Mes vœux pour le jour du 6 février
n'arrivent pas à temps par la poste, mais ils sont
tout prêts à vous entourer ainsi que l'angélique
maman, dont je voudrais pouvoir orner le bureau
le 3, c'est-à-dire le plus beau des jours de notre
année. Adieu, soyez bonne, aimable et surtout
point *d'humeur*. Oh! jamais!

Saint-Pétersbourg, 27 janvier/8 février 1805.

Vous étiez malade, chère bonne enfant, le 18 janvier et vous l'aviez été encore plus les jours précédents. Quoique je ne l'aie appris que dans un temps où je dois vous croire tout à fait rétablie, j'en ai cependant ressenti toute la peine, toutes les angoisses que j'eusse éprouvées dans le temps même de la maladie et sur les lieux. De grâce, chère enfant, vous qui avez un cœur aimant et sensible, soignez-vous pour tout ce qui vous aime. Pensez que la moindre incommodité que vous avez alarme la tendresse des personnes à qui vous devez épargner toute sorte de chagrins ou de craintes; surtout, gardez-vous de donner occasion vous-même à vos maladies, chère enfant, soit par irréflexion, soit par gourmandise, soit par un excès de vivacité. L'âge où vous êtes porte déjà avec lui une assez bonne dose de maux, jusqu'à ce que votre constitution soit formée. Ne les augmentez pas, je vous prie, par votre faute. Votre angélique maman, votre bonne amie, votre bon tuteur et votre pauvre ami absent en souffriraient trop et vous vous reprocheriez leurs souffrances...

Saint-Pétersbourg, 31 janvier/12 février 1805.

Que dirai-je par ce courrier à mon aimable petite amie? — Mes félicitations pour son rétablissement, mes vœux pour sa conservation, pour la reprise de toutes ses occupations sont déjà partis avec les dernières lettres. La monotonie de l'hiver, celle de ma manière de vivre, le peu de monde que nous voyons et le peu d'intérêt qu'il doit avoir pour elle, n'offrent pas même de quoi remplir agréablement un demi-feuillet. Il faut cependant qu'elle ait quelques mots de son bon ami, qui l'aime et qui l'a toujours devant les yeux, qui la suit dans ses études, dans ses amusements, dans ses promenades, dans ses visites, en un mot qui vit avec elle, comme le *sylphe* de Marmontel, auquel d'ailleurs il serait bien fâché de ressembler. Lorsque j'aurai vu ce qu'il y a de plus remarquable dans cette immense capitale, je vous en parlerai, bonne enfant; mais jusqu'ici, ni spectacle, ni promenades publiques, ni palais, le bon ami n'a rien vu. Le bon tuteur a eu soin de parcourir ces différents objets pour en rendre compte à mademoiselle sa fille. Mais il a des yeux lui, et moi, je dois ménager les miens. — Une seule chose j'aurai à vous dire, qui intéressera pour un moment le prince de Belmonte aussi. C'est qu'outre l'excellente maison du duc de Serra-Capriola, j'ai trouvé deux excellentes maisons bourgeoises russo-italiennes, où l'on mange tout à fait des plats nationaux de ménage qui m'ont ramené à mes belles années de Modène. — J'ai fait la connaissance d'un prélat qui est tout différent de celui que la bonne amie aime tant. Celui-ci écrit parfaitement en prose et en vers, en italien et en latin, et j'ai passé avec lui des heures extrêmement agréables. Mais dans quelques jours il partira pour Moscou, pour y rester plusieurs mois, et me voilà de nouveau sevré des heures rares qui m'ont donné des distractions utiles au milieu des paperasses diplomatiques. Ce sont des anciennes connaissances de ma jeunesse, que j'ai trouvées fort bien établies dans cette ville et jouissant d'une aisance tranquille après de longues années de service à la cour impériale.

Adieu, chère bonne enfant. J'attends impatiemment vos nouvelles des premiers jours de février. Hélas! je ne les aurais qu'après-demain. Rappelez-moi, je vous prie, à tous ceux qui s'intéressent à moi.

Saint-Pétersbourg, 10/22 février 1805.

Je vous remercie, chère petite amie, avec la plus vive tendresse du joli billet que vous m'écriviez le 8 et le 9 du mois. Il est soigné, et sans gêne. C'est là précisément ce qu'il faut. La bonne amie a été contente de sa petite malade! J'en suis charmé, chère enfant. Un peu d'impatience vient du genre même de la maladie. Mais je suis sûr que Dorothée n'a pas oublié un certain jeune prince français qui, à douze ans, souffrit beaucoup et fut un ange de bonté et de patience!

Je sais aussi que vous faites des progrès dans le reste, autant que votre santé le permet. — Gardez-vous surtout, bonne enfant, de ce qui peut vous causer une maladie; vous pouvez apprécier vous-même la *brèche* que cela fait nécessairement dans toutes vos occupations. — La charmante pensée de la petite croix, qui vous a fait plaisir, appartient toute à la bonne amie, et je sais qu'on peut s'en fier à son goût et à son amitié. Elle est donc bien jolie? Chère enfant, pensez quelquefois que dans cet ornement votre imagination peut rassembler utilement une foule d'idées religieuses et morales qui ont de grands droits sur nous et qui influeront sur votre carrière jusqu'à la fin de vos jours. — Un mot sur une *grossièreté invo-*

lontaire sans doute, aimable amie ; voyez à n'en commettre jamais d'autres. Mais de toutes nos distractions, car c'en est une, ce sont celles-là qu'il faut éviter le plus, parce que le *doute* seulement d'une mauvaise volonté, que l'amour-propre des autres est toujours propre à présumer, est terrible pour une âme délicate. Adieu, chère enfant, soignez bien votre santé ! C'est dire le repos et le bonheur de tout ce qui vous aime, entre autre de votre vieil et bon ami.

Saint-Pétersbourg, 14-26 février 1805.

Vos nouvelles, chère bonne enfant, sont toujours intéressantes et font le plus grand plaisir à votre vieil et bon ami. Il m'est impossible de vous rendre la pareille, car tantôt malade, tantôt convalescent et tantôt garde-malade, je mène une vie monotone si nulle, que mes journées ne présentent pas même des nuances pour les distinguer. Les fêtes du 3 et du 6 ont été célébrées chez nous par de pauvres petites santés, telles que des valets ordinaires peuvent en porter. Elles n'ont pas été moins portées par le cœur le plus vrai et accompagnées par les vœux les plus sincères. Vous avez passé des soirées charmantes chez madame de Göckingk. Je le crois bien. La seule mademoiselle Julie, à ce que me dit son oncle, pourrait répandre sa charmante gaieté sur la plus morne société. — Oh! combien de fois, ces jours-ci, le bon tuteur l'a souhaitée auprès de lui, dans sa fluxion aux yeux qui le tourmente et qui l'empêche d'écrire à sa famille. Ayez soin, chère enfant, de le dire à madame de Göckingk et aussi en même temps, que nous espérons que cette maladie, suite de la saison et des neiges, ne sera pas longue et qu'elle a déjà du soulagement! Je vous félicite de bien bon cœur, chère aimable amie, de ce que vous apprenez le jeu de piquet. Parmi tant de choses que vous devez savoir dans le monde, celle-là en est une. Vous observerez en vous amusant à ce jeu, qu'il importe infiniment de savoir *écarter* et de mettre de la *suite* dans vos cartes. La bonne amie ne manquera sans doute pas de vous faire tirer cette *morale* de ce jeu qui n'est intéressant que par là.

Adieu, bonne et chère enfant. Ne vous plaignez pas du mauvais temps. En moins de deux fois vingt-quatre heures nous avons passé de **23** degrés de froid à **4** degrés de chaleur. — Il faut se soigner et s'habiller selon le temps. Je vous remercie de ce que vous lisez les lettres choisies de madame de Sévigné. Elles seront toujours des modèles de naturel et de goût. Mais on ne les imite pas, chère enfant.

Avec beaucoup de culture, avec un grand usage de la bonne société et un grand fonds de bienveillance pour les personnes à qui l'on écrit, on parvient à faire de jolies lettres, sans en avoir la prétention.

Adieu encore une fois, bonne enfant. Le bon tuteur attendra que vous soyez rétablie pour lire votre réponse. C'est vous dire qu'il l'attend avec impatience. Le bon chevalier est affligé de se trouver oublié dans les lettres de la petite société de Berlin.

Franchise dans l'aveu de ses fautes! — Adieu, adieu.

Saint-Pétersbourg, 21 février/5 mars 1805.

Vous m'avez écrit, chère bonne enfant, deux charmantes lettres qui m'ont fait grand, grand plaisir. Tout en vous remerciant, permettez que je vous exprime le désir que j'aurais d'y pouvoir rencontrer quelques traces du bon M. Maréchant. — C'est là, je crois, le vrai moyen de vous témoigner ma tendre reconnaissance. Je sais qu'on ne se gêne pas avec ses amis, mais à votre âge, bon enfant, tâchez de soigner votre écriture et votre orthographe; dans quelques années d'ici vous n'en aurez ni le temps ni la patience et vous aurez beaucoup de peine, toutes les fois que vous aurez une lettre importante à faire. L'exemple de l'adorable maman, de l'excellente amie, doivent vous conduire et vous encourager.

La perte d'une ancienne amie est un malheur très grand, très grand, chère enfant, surtout à un certain âge. Il est donc tout simple que la digne madame de Göckingk ait été bien abattue, bien triste par la mort d'une amie respectable, d'une compagne de sa jeunesse qu'on ne remplace plus! — Vos cheveux longs et séparés sur le front vous accoutumeront à cette belle simplicité, qui fait le vrai mérite et le charme de tout ce qu'elle touche.

— Comment donc? bonne enfant, jusqu'au *21*! Passe pour le piquet. Mais je vous félicite de ce que vous ne vous fâchez plus si vous perdez. C'est le plus vilain, le plus désagréable défaut dans la grande société; et comme on n'est censé jouer que pour s'amuser, on ne craint rien tant qu'un mauvais joueur qui de ce même amusement fait une occupation ou une peine à ses partenaires. — Il faudra, bonne enfant, que vous connaissiez tous ces misérables suppléments de notre nullité dans les assemblées de parade; mais vous aurez le bon esprit de ne vous y attacher nullement.

Un collier de feuilles de roses *desséchées* (c'est ainsi qu'il faut écrire) doit être un très joli collier. Je n'en ai pas d'idée. Vous me le montrerez et je vous devrai cette nouvelle connaissance. — Votre partie de traîneau et l'anecdote des gauffres m'ont beaucoup amusé. Mais, particulièrement, cette victoire de la paresse sur la gourmandise. Le temps viendra que celle-ci prendra bien sa revanche. Merci, bonne enfant, de ce que vous me dites sur votre oubli à l'article franchise dans l'aveu de vos fautes. Donnez-vous-en l'habitude, soyez fière de cette qualité. En les avouant, vous les expiez, et en sentant votre tort, vous prenez des forces pour n'y pas retomber; quand on nie sa faute, l'amour-propre est la dupe de lui-même. Notre conscience nous le reproche et la honte que nous avons de nous-même augmente en raison de celle que nous avons voulu nous épargner vis-à-vis des autres. Mille choses à toute la société du mercredi et du soir.

Saint-Pétersbourg, 24 février/8 mars 1805.

Une rose pour le général de Driesen; une *pensée* pour votre bon ami, une fleur pour le tuteur souffrant et malade, voilà, chère bonne enfant, des ouvrages bien intéressants, et des soins bien aimables. C'est ainsi que les talents doivent servir au sentiment et embellir les divers rapports de la vie. Je vous remercie bien tendrement pour ma part, ainsi qu'au nom du tuteur qui ne peut écrire et qui voudrait deviner quelle fleur sa charmante pupille lui pourrait destiner. — Votre grande promenade en traîneau vous a fait du bien, chère enfant, je n'en doute pas. L'air sec et un bon froid fortifient la tête et donnent du ton. Nous nous promenons aussi quelquefois dans cette immense ville, mais en voiture, glaces et rideaux fermés, comme des recluses, ou des prisonniers. — Il nous faut cependant nous en contenter, bonne petite amie, faute de mieux. Car le malade ne saurait supporter le soleil, et le soleil est nécessaire d'un autre côté pour rendre l'atmosphère plus supportable. — Savez-vous que depuis mon arrivée à Saint-Pétersbourg je n'ai écrit qu'une seule et unique fois au Bon oncle, et à mademoiselle Sidonie? — Mais, voulant écrire des épîtres je n'ai pas même fait des lettres et j'en suis tout honteux. Si vous avez l'occasion d'écrire encore une fois à votre aimable *Futur*, dites-lui, ainsi qu'à la bonne sœur, que jeté dans un nouveau monde, sans oublier un instant tout ce que je dois aux habitants de l'ancien, je n'ai pas su trouver un moment d'écrire encore une fois, et que ce n'est pas joli à moi, — que je le sais, je l'avoue, et tâcherai de réparer par un gros volume le silence de presque trois mois. Comment donc, chère enfant, vous voudriez déjà être à Löbikau? Est-ce que la fin de février est si belle chez vous qu'elle vous donne les premières envies de la campagne? Chez nous, l'hiver a repris et nous sommes de nouveau aux 8 et 12 à 13 degrés au-dessous de *0* du thermomètre inventé par le célèbre physicien français, M. de Réaumur. — Le zéro est le point de la glace. Ce qui est au-dessus marque la chaleur, ce qui est en dessous le froid.

Les, assurances que vous me donnez, bonne petite amie, sur l'état de votre santé, me sont précieuses. Comme il ne s'agit que d'un peu de faiblesse aux jambes, la danse y mettra bon ordre et tout ira parfaitement bien. — Dans vos *batailles* avec la bonne amie, n'oubliez jamais, je vous prie par tout ce que vous aimez le plus au monde — c'est sans doute la bonne angélique maman — n'oubliez jamais la modération et l'adresse. Vous devez être désormais aussi. grande et presque aussi forte que la bonne amie et un coup de votre main pourrait me faire peur à moi-même.

Je vous félicite, chère enfant, des jours où vous ne trouvez rien à vous reprocher. Je les compte avec soin; et sûr, comme je le suis, que vous ne l'écrivez qu'après y avoir bien pensé, je me réjouis de voir qu'il y en a un si grand nombre. — Puissiez-vous en compter de pareils jusqu'à l'âge où la réflexion, cette douce compagne, cette fidèle amie de l'homme aura pris cette heureuse consistance, ce tact exquis, dont dépend la vertu solide et la véritable félicité. La mort de la reine douairière nous a été apportée hier soir par un courrier parti le 26 février de Berlin.

On dit qu'elle sera regrettée, car elle faisait beaucoup de bien. Elle avait aussi beaucoup souffert dans sa belle jeunesse.

Adieu, chère aimable enfant. Soignez la bonne amie. Elle se plaint de maux de tête. Et vous savez s'ils sont terribles ! Adieu, adieu.

Saint-Pétersbourg, 17 29 mars 1805.

Vous avez pleuré, bonne aimable enfant, à la tragédie de *Marie Stuart* ! Cela m'a fait désirer que vous lisiez la vie de cette Reine infortunée, pour qui la nature avait tout fait, pour qui la fortune s'était en quelque sorte épuisée et qui par la violence de ses passions a fini sur un échafaud, après une captivité d'environ dix-huit ans.

Cette histoire est très instructive, chère petite amie, pour des personnes surtout qui dès le berceau semblaient avoir été appelées aux plus heureuses destinées.

Je vous félicite, chère enfant, de tous les amusements que vous procure votre angélique maman et des jolies soirées que vous avez au milieu de l'aimable jeunesse qui vous entoure. Soyez toujours envers les autres ce que vous voudriez que les autres fussent envers vous. La prévenance, la complaisance, le plaisir de faire plaisir doivent vous guider dans vos jeux, comme dans vos entretiens. Comment va le *piquet*? Comment va le *21*?

Mademoiselle Julie de Hardenberg prend vos leçons. Vous aurez par là, chère enfant, une bonne occasion de vous fortifier dans l'étude de ce que vous avez appris. Vous ne me parlez pas de la petite Pauline; non plus que de la grande Pauline, dont je vous ai prié de me donner des nouvelles. Aurez-vous l'amitié pour moi de lui dire bien des choses en mon nom, ainsi qu'à sa digne maman et à toute son estimable famille! Le bon tuteur vous embrasse bien tendrement. Il a attendu la *rose*: mais il s'est consolé de ne pas la voir, pensant bien que ce n'est pas encore la saison chez vous, et moins encore au 60ᵉ degré de latitude Nord.

Voyez-vous, bonne enfant, je vous parle le langage de la Géographie savante et je suis sûr que vous me comprenez à merveille.

Cela fait du bien à mon cœur et vous vous en trouverez un jour beaucoup mieux encore que moi. — Adieu, chère bonne enfant. Le temps s'approche que le petit jardin de la maison de verre commencera à devenir si non habitable, du moins *courable.* Je vous vois sauter et bêcher, courir et arracher les mauvaises herbes! Cela me donne un joli moment. Si vous avez de bonnes nouvelles de la princesse de Hohenzollern, mandez-les-moi, je vous prie. Mes amitiés à toute votre société.

Votre vieux ami

P.

Saint-Pétersbourg, 28 fév./12 mars 1805.

Votre lettre du 24 février passé, chère aimable petite amie, est fort bien écrite et bien orthographiée; je vous en remercie tendrement, parce que je sens que c'est aussi pour me faire un peu de plaisir que vous soignez votre écriture. Ce motif est si obligeant! Il est si digne d'un cœur tel que le vôtre!

J'ai été peiné de l'incommodité du bon prince de Rohan. Mais les parties de chasse à pareille saison ne sont pas pour tout le monde. Il y a Louis et Louis, comme il y a âge et âge, n'est-ce pas, chère petite amie? J'ai été sincèrement touché de ce que vous me dites au sujet de la reine-mère. Elle était bonne, elle était bienfaisante. Ce sont nos plus beaux titres à l'estime, aux regrets de nos semblables. Quand même l'injustice des hommes nous refuserait ces sentiments, le seul témoignage que nous emporterons avec nous suffirait pour nous dédommager de tout. Mais, chère enfant, la reine-mère avait été à l'école du chagrin et de la gène dans sa jeunesse. La vertu en a souvent besoin, et il est bien des malheurs, dans la vie, qui nous donnent ou développent chez nous de grandes qualités.

Vous avez montré, dites-vous, trop sensiblement votre ennui et même un peu d'humeur dans une société. Voilà, bonne enfant, un apprentissage pour vous. On est très souvent dans le cas de rencontrer des sociétés qui ne nous amusent point, qui peut-être même nous déplaisent. Vous n'avez, Dieu merci, de plus grands chagrins à craindre ou à éprouver habituellement à votre âge. Qu'ils vous servent d'occasion de vous exercer à l'art essentiel de vous posséder et de vous accommoder au goût des autres, par obligeance et par bonté. Le bon tuteur se porte un peu mieux aujourd'hui. Nous nous promenons presque toujours ensemble, glaces fermées, rideaux baissés, dans la ville. Ce matin, je n'ai pu l'accompagner et j'en suis bien fâché, car il n'aime pas se promener tout seul. Il a été très sensible aux jolies lignes que vous lui avez écrites et que je courus lui lire à son lit. Il les a relues dans la matinée et il est passé chez moi pour me recommander de vous en remercier de sa part.

Saint-Pétersbourg, 3/15 mars 1805.

Je réponds en hâte, chère aimable enfant, à votre jolie lettre du 27 février-12 mars. Merci des détails que vous me donnez sur les honneurs qu'a reçus M. Iffland à Dresde, et sur les distinctions que lui a accordées le plus réservé, le plus mesuré peut-être des princes de la Terre. Ces distinctions, tout en encourageant les talents et le mérite, font la gloire des grands qui savent les distribuer. Les artistes sont faits pour obtenir les récompenses dues à la peine qu'ils se sont donnée pour se perfectionner. Les princes sont faits pour partager avec jugement et sobriété ces récompenses. C'est un tact bien difficile à acquérir, chère enfant, que celui de ménager ces distinctions.

Vous l'apprendrez aussi, vous surtout à qui le sort impose des mesures encore plus sévères.

Ne soyez pas étonnée, petite amie, si dans huit jours de temps la princesse W. n'a point vu cet homme célèbre, quoique accompagné d'une lettre de maman. Huit jours passent bien vite et la manière de vivre retirée, à ce qu'on dit, de la princesse, et les occupations pressées de M. Iffland ont été la cause de cette privation des deux côtés. Tout en m'écrivant, chère enfant, qu'on n'est pas mécontent de votre *ortographe*, vous faites une faute; et je vous y attrape, — on écrit *orthographe*. Au reste, j'en suis content aussi, mais pas toujours.

Le bon tuteur, qui se porte un peu mieux, vous remercie de votre embrassement. Le bon et excellent chevalier a été sensible à votre souvenir; il vous dit mille choses et vous prie de le mettre aux pieds de l'adorable maman.

Saint-Pétersbourg, 7/19 mars 1805.

Oh! la charmante, la jolie *pensée* que je reçois avec votre lettre du 3 de ce mois, aimable petite amie! N'attendez pas des remerciements qui ne valent rien entre nous. Mais agréez mes félicitations bien sincères ainsi que celles de tous ceux qui ont admiré votre ouvrage. Les mots que vous y avez ajoutés m'ont vraiment touché. Mon estime, chère bonne enfant, vous est assurée dès que vous tâcherez de mériter la tendre approbation de votre adorable maman et de répondre aux soins de votre bonne amie. Tâchez de vous donner les qualités de caractère et les connaissances indispensables, avec la même attention que vous mettez aux talents d'agrément, et vous serez heureuse et vous ferez le bonheur de tout ce qui vous entourera, et l'ornement de votre maison.

La société de mademoiselle Julie de Hardenberg ne peut que contribuer à rendre plus brillantes vos soirées, chère petite amie. Je l'ai trouvée à Hambourg extrêmement aimable, parce qu'elle était bonne, simple, douce, sans prétention. Je vous prie de la remercier du souvenir qu'elle veut bien conserver de moi et de l'assurer du parfait retour de ma part. Vous donnerez aussi un baiser à la chère et spirituelle Pauline; et vous ne m'oublierez pas auprès de Monsieur et de madame la Comtesse.

Bonne enfant, comme il n'est jamais permis de mentir, je vous dirai que je ne puis dire du bien de ma pauvre santé. Je ne me reconnais pas. Je n'existe plus qu'autant que je parle et que j'écris. C'est assez si je puis aller ainsi jusqu'au bout. Espérons que le voyage de retour me rendra tout ce que le séjour d'ici m'a fait perdre. Merci, petite amie, pour tout ce que vous me dites d'aimable à ce sujet. Mon cœur en est pénétré et ne l'oubliera jamais. Bien des choses à madame et à mademoiselle de G., ainsi qu'à tout le reste de votre société.

Saint-Pétersbourg, 21 mars/2 avril 1805.

Vos promenades en voiture et surtout à pied, chère aimable enfant, m'ont fait grand plaisir. Il

faut profiter de la belle saison, d'autant plus que
le mois où nous entrons et presque toujours le
mois suivant ne sont pas les plus agréables à Ber-
. . .. Nous avons présentement de belles journées
à notre tour; mais les rivières, les canaux sont
encore pris et couverts de neige; et la glace qui se
fond lentement dans les rues ne permet presque
de promenades qu'en voiture ou en petite troïka,
qui peu à peu remplace le traîneau.

On donne ici, depuis quelque temps, des con-
certs célèbres. C'est une passion presque générale
chez les grands d'ici. J'ai entendu parler d'un
Anglais (dont je n'ose estropier le nom, car je ne
l'ai lu nulle part) qui joue parfaitement le clavecin,
et qu'on met au-dessus de Clémenti. Cela se
pourrait. Mais je doute fort qu'il ait la sensibilité
et l'âme de ce dernier. Chère petite amie, il y a
des siècles que vous ne m'avez pas dit un seul
mot sur vos progrès dans ce talent précieux.
C'est apparemment pour préparer une surprise à votre ancien bon ami, lorsqu'il sera de
retour.

Le bon tuteur a espéré trouver sa jolie rose
dans une de vos lettres. Malgré sa longue et
ennuyeuse maladie, je suis sûr qu'à cette vue, de
charmants vers eussent exprimé sa joie et sa
tendre reconnaissance. Mon Dieu! chère enfant,
il mérite bien tous ces soins de votre part! C'est

pour vous qu'il n'a presque qu'un œil pour regarder vos ouvrages !

Je suis bien charmé aussi, bonne enfant, que l'angélique maman dîne souvent chez sa Dorothée. C'est une occasion très agréable d'entendre mille propos obligeants, d'observer mille traits de bonté, d'apprendre tout plein de choses, dont son esprit s'est enrichi et qui acquièrent des charmes inexprimables en passant par son cœur.

Oui, chère petite amie, c'est la vieille maxime de votre bon ami. La tête doit penser, mais c'est par le cœur qu'elle doit transmettre ses pensées. Le cœur doit sentir, mais c'est avec la tête qu'il doit perfectionner et conduire ses sentiments.

Adieu, chère bonne enfant. Voici le tuteur qui entre chez moi et qui vous dit mille tendresses. Il vous prie aussi de présenter ses hommages à l'adorable maman et de dire bien des choses de sa part à votre excellente amie.

Votre

P.

Saint-Pétersbourg, 24 mars/5 avril 1805.

Oui, mon aimable petite amie, la faute n'en a été qu'à la poste, si vous avez manqué de mes lettres. J'ai écrit régulièrement plus ou moins, tous les courriers; mais il est mille raisons qui arrêtent ou retardent les lettres et, pour un ordinaire, il ne faut pas s'inquiéter. Bien, bien obligé, chère enfant, de la commission dont je vous avais priée, pour la bonne amie, et de la manière dont vous l'avez remplie, et plus encore, s'il se peut, de l'exactitude obligeante avec laquelle vous m'en rendez compte.

Le déjeuner donné par madame la comtesse C. était donc bien nombreux! Mon aimable amie, il faut *pourtant* que vous vous fassiez peu à peu à ces grands rassemblements qui sont, au fond, une *bruyante* solitude. C'est dans ces rassemblements-là qu'on peut beaucoup observer et entendre, pour consulter ensuite votre bonne amie et lui confier vos observations et vos jugements. L'avantage des grandes sociétés est de s'apercevoir qu'on peut se passer de nous; celui des petites sociétés bien choisies est de multiplier les lumières et les jouissances, par l'effusion et l'abandon même qu'elles permettent.

Je dois vous remercier aussi, chère bonne enfant, de votre jolie écriture. Elle est soignée et l'orthographe en est correcte.

La pièce de l'Abbé de l'Épée, ce bon prêtre français qui eut le courage de rendre utiles les sourds-muets par une patience héroïque, est vraiment touchante. J'ai lu, dans je ne sais quelle feuille, qu'on l'a donnée à Lindau, si je ne me trompe (vous saurez trouver cette ville sur la carte du *lac de Constance*), où un véritable sourd et muet et son instituteur ont joué. C'est là ce qu'on appelle être dans son rôle!

Adieu, chère petite amie. Le bon tuteur écrit aussi peu qu'il est possible ; mais il écrit toujours, quoique à bâtons rompus, et prenant du repos.

Votre .

P.

Saint-Pétersbourg, 28 mars/9 avril 1805.

Vous m'avez fait le plus grand plaisir, aimable petite amie, en m'annonçant dans votre *Post-Criptum* (que vous orthographierez *Post-Scriptum*) [après-écrit], l'amour que vous prenez pour la musique. Dans mon dernier numéro, précisément, je vous avais demandé des nouvelles de ce charmant talent, dont vous ne m'aviez plus parlé depuis longtemps. C'est une marque, chère enfant, que vous commencez à y faire des progrès sensibles ; la musique est comme un ami qui est attentif à nos moindres fautes, pour qui rien n'est petit, qui passe même pour pétillant. Il nous ennuie, il nous excède même parfois ; mais à mesure qu'on se perfectionne, nous commençons à en connaître le prix et nous l'aimons tous les jours davantage. Je vous félicite de bien bon cœur, bonne enfant, de cette jolie affection. Elle est bien placée et vous y trouverez votre compte dans l'avenir.

Adieu. J'écris à la hâte parce que j'ai beaucoup à courir encore et mon âme est en l'air. Elle vous suit partout, petite amie, et il n'est pas un moment où elle ne fasse de vœux pour votre vrai bonheur et de tout ce qui vous entoure.

Sans adieu jusqu'à vendredi.

Mille choses à votre charmante petite et grande société.

Saint-Pétersbourg, 31 mars/12 avril 1805.

Votre jolie fleur, chère aimable enfant, fut rendue au bon tuteur dès le moment même qu'elle fut arrivée. M. de G. était précisément chez moi en conférence d'affaires avec quelques amis, et votre chef-d'œuvre fut accepté avec reconnaissance, loué et admiré de notre petit cercle ; ensuite, la fleur est très bien faite, et je vous en dois mes tendres félicitations. Il faut espérer que le bon tuteur retrouvera dans sa santé assez de forces pour remercier en vers et consigner les louanges de cet ouvrage de sa pupille aux siècles les plus éloignés. Il ne tient qu'à lui de la transmettre aux générations à venir et de lui donner l'immortalité. Nous lisons encore, petite amie, de charmants vers chantés sur une rose par Anacréon, il y a à peu près vingt-cinq siècles.

La justice que le public a rendue à madame Flek dans le rôle de Jeanne d'Arc est confirmée par la figure et la taille de cette actrice. Ses traits, sa voix n'ont rien de héroïque. Les rôles tendres, neufs ou gentils et mignons, voilà ce qui lui va à merveille.

Je suis bien charmé, bonne enfant, que votre société du soir recommence à se rassembler. Elle en deviendra d'autant plus intéressante.

Adieu, chère aimable enfant. Il est tard et je suis extrêmement fatigué. Hier soir on m'entraîna au concert spirituel. On y donna la Création de Haydn. L'orchestre est vraiment un des meilleurs que l'on puisse avoir. La salle est superbe. Mais le billet est à cinq roubles et on donne ces soirées au profit des veuves et des enfants des musiciens.

Adieu, encore une fois; voilà encore Pauline à Berlin? Elle est donc bien? Je vous prie de lui dire mille choses de la part de votre bon ami, ainsi qu'à toute votre aimable société.

Saint-Pétersbourg, 4/16 avril 1805.

... Vivant en Allemagne, il est très difficile, bonne enfant, de se défendre des *germanismes* qui se glissent, malgré nous, dans la langue française. Observez toujours la bonne amie et ne vous écartez pas de ses expressions. Je ne sais quels sont vos progrès en allemand et en anglais; mais il paraît que vous parlez le français de préférence. Il faut parler, du moins, ce *qu'on a choisi pour sa langue* le plus correctement qu'il est possible.

Et les huîtres? et le champagne qui a dû pétiller de suite? Tandis que vous *nagez* dans un délire, petite amie, n'oubliez pas le bon tuteur et votre vieil ami qui font tête-à-tête un premier dîner d'auberge, où c'est un prodige si l'on attrape un morceau de bouilli mangeable et où de tant de poissons délicats dont on abonde en Russie, on vous sert du brochet et de l'anguille. Un peu de saumon ne s'obtient que par hasard et après des négociations, ou bien il faut le payer à part. — Voilà donc la belle maison de M. de Massow achetée et vous voilà *chez vous* à Berlin, dans toute la rigueur du mot. Je suis charmé du joli cabinet que vous allez avoir. Vous le meublerez avec goût, et par conséquent avec simplicité et sans le surcharger. L'exemple de maman surtout peut vous guider. Je me fais une fête d'aller vous y rendre visite, y admirer l'arrangement, l'ordre, la propreté, si le sort me ramène sain et sauf jusqu'à Berlin. — La reprise de vos leçons du soir vous a fait grand plaisir, chère enfant, et à moi aussi, infiniment. Mais je viens d'apprendre par M. de Gockingk, que vers la fin du mois de mai prochain, sa famille partira pour la campagne où l'on doit tout préparer pour la noce de mademoiselle Wilhelmine. Cette perte vous sera fort sensible ainsi qu'à la bonne amie. C'est un vide qu'on ne remplacera point. — Madame Herz a gagné en jouant avec vous au piquet! Je trouve cela fort naturel, chère enfant. Elle doit savoir mieux *écarter*, mieux choisir ses *suites* et réussir à mettre *quatre choses ensemble* mieux que vous. Avez-vous continué, du moins de temps en temps, les échecs? le jeu n'est sans doute pas pour votre âge, mais vous qui avez tant de dispositions pour la géométrie vous pourriez, peu à peu, vous accoutumer à ce jeu, qui apprend surtout à ne jamais faire un pas sans réfléchir et sans regarder tout autour de soi pour en prévoir les suites. — Dites, je vous prie, bien des choses de ma part à madame Herz. Adieu, chère aimable petite amie. Ne manquez pas de me donner les nouvelles exactes de la santé de notre excellente amie. Elle souffrait d'un affreux mal de tête le 2 du courant. Elle me le mande en deux lignes. Un post-scriptum de votre main eût pu me tranquilliser. Le bon tuteur vous embrasse très tendrement. Il se porte bien et la saison lui permet de faire des courses qui finiront par le rétablir tout à fait. Je voudrais pouvoir en dire autant pour mon compte. Mais cela n'ira pas si vite. Adieu, chère enfant, votre cabinet donne-t-il sur la rue ou sur la cour? car on me dit que la cour est très vaste, mais pas une toise de jardin. Aimez toujours votre ancien ami qui vous chérit de tout son cœur.

P.

Saint-Pétersbourg, 18/30 avril 1805.

Lorsque vous aurez lu la vie de Marie Stuart, chère petite amie, vous aurez la bonté de me rendre vos réflexions sur le malheureux sort de cette princesse qui semblait avoir été formée par la nature et par la fortune à tout ce que nous appelons *bonheur véritable* sur la terre, sans compter ce *bonheur factice* qui est pourtant aussi quelque chose parmi les hommes.

La bonne *Frau* Pauline s'en retourne à Prague. Mais n'ira-t-elle pas du tout aux eaux, à la campagne, de cette année? — Je vous félicite, petite amie, de la jolie robe que vous a faite madame Aglaé. — Il faut aussi des robes comme il faut des fracs et des habits. Hélas! les miens commencent à m'en avertir. Je fais la sourde oreille, chère enfant, mais ils crient plus fort que je ne voudrais; et cependant je tiens ferme et tant que je suis ici, où tout est d'une extrême cherté, je les ferai aller. Adieu, chère enfant. Le bon tuteur vous rend mille embrassements pour un. Dites tout plein de belles choses à mademoiselle Julie, à toute la société. Adieu.

Votre

P.

Saint-Pétersbourg, 22 avril/3 mai.

Tandis que je vous écris, chère petite amie, il neige ici comme il n'a pas neigé en décembre. Si cela dure deux heures encore, les traîneaux vont reparaître pour la troisième fois et nous ne saurons que par l'almanach que nous sommes au mois de mai. — Merci, bonne enfant, de ce que vous me mandez sur vos efforts dans l'étude de la musique. Vous faites en même temps une exclamation qui m'a fait bien rire : *quelle patience il faut*, dites-vous, *pour apprendre?* — Jugez, chère enfant, de celle qu'il faut avoir pour enseigner! Un bon esprit, et surtout un bon cœur n'oubliera jamais cette deuxième partie que j'ajoute à votre réflexion. A l'heure qu'il est les *violettes* sont arrivées, elles ont été admirées et accueillies par le bon tuteur avec la plus tendre reconnaissance. Je suis charmé, bonne amie, que vous ayez commencé à lire quelque chose de la vie de l'infortunée Marie Stuart. C'est une histoire bien intéressante et capable d'instruire toutes les jeunes personnes de votre sexe et de votre rang, pour qui la nature et la fortune ont tout fait. En comparant l'enfance, la jeunesse de cette Reine avec sa fin tragique, en suivant la marche et les progrès de ses défauts jusqu'à ses crimes et à ses malheurs, on apprendrait à se vaincre, à se modérer, à réfléchir, et surtout à ne se point livrer au sentiment s'il n'est pas approuvé par la raison. Adieu, chère aimable enfant. Bien des choses à madame Herz, etc., etc. Encore une fois adieu, chère petite amie; le bon tuteur vous embrasse. Il est bien triste de tout ce qui vous arrive et qui retarde son retour. Oh! quand vous saurez tout ce que cet homme respectable a dû souffrir ici! — Aimez votre bon ami, comme il vous aime et comme il vous aimera toute sa vie.

P.

Saint-Pétersbourg, 28 avril/10 mai 1805.

Deux numéros à la fois, chère aimable petite amie? Cela s'appelle payer généreusement capital et intérêts à la fois. N'en attendez de moi que des félicitations, car, pour des remerciements, ce n'est pas marchandise qui doive courir entre nous. — J'ai été charmé, chère enfant, de trouver *six jours* de suite où vous n'avez eu rien du tout à vous reprocher. Comme je suppose que vous n'êtes pas indulgente là-dessus et que vous ne glissez pas trop légèrement dans votre examen, je dois vous encourager, bonne enfant, à tenir constamment à cette habitude et à prendre au vif, surtout, les défauts que vous trouverez vous être les plus familiers, afin de les pourchasser et les détruire de préférence. Quelle phrase consolante, pour une belle âme, que celle-ci : « Je n'ai rien à me reprocher! » Mais aussi quelle sévérité, quelle attention ne faut-il pas employer sur soi-même avant de porter ce jugement que tant de petits intérêts, tant d'habitudes rendent si souvent suspect. — L'aventure de la malheureuse prière qui vous a paru si terriblement bête m'a fait un peu rire à vos dépens. D'abord, le titre seul pouvait vous dire ce que vous en deviez attendre ; et si vous vous y attendiez, petite amie, c'était là qu'il fallait s'amuser; car tout ce qui est parfait, même en bêtise, peut avoir son mérite par cela même qu'il est parfait dans son genre. Mais avez-vous pensé, chère enfant, aux sensations d'amour-propre que l'auteur aura eues peut-être en écrivant ce morceau? C'est là une réflexion utile à faire en cas pareil. L'amour-propre se plaît à nous jouer des tours affreux et, dès que nous nous y abandonnons, nous faisons les plus grandes sottises et nous croyons faire les plus belles choses du monde. — Vous vous plaignez du froid; je vous ai parlé des neiges et des frimas que nous avions les semaines dernières; depuis hier il paraît que nous avons de nouveau le printemps. Il est sept heures et demie du matin et je vous écris ayant un grand *was-ist-das* ouvert, pourtant la chambre avait été chauffée dès les quatre heures du matin. Mais chère enfant, pas une feuille aux arbres, pas un brin de gazon. On colporte les fleurs dans des vases, comme en plein hiver. Cependant, dès que l'air est plus doux, je suis beaucoup mieux et mes nerfs semblent se calmer. Dès que la saison sera tant soit peu fixée, je prendrai une douzaine de bains et j'en attends de grands avantages pour ma santé.

Il y a apparence, chère bonne amie, que je devrai prolonger encore mon séjour ici; vos commissions me parviendront toujours à temps, si vous les envoyez même la veille de votre départ de Berlin. — Bien des choses, chère amie, à madame Herz. Fera-t-elle des courses, l'été prochain? Vous serez à Löbikau, ce cher bienheureux Löbikau. Qui sait, bonne enfant, quand je le reverrai! On ne part pas si aisément de Saint-Pétersbourg, dit-on, lorsqu'on y a des affaires et surtout des procès. Le bon tuteur, qui vous embrasse tendrement, est bien affligé des retards qui l'arrêtent de huit en huit jours. Mais qu'y faire? Lorsque le mal est sans remède et qu'il n'y a pas de notre faute, un esprit bien fait n'a qu'à se résigner.

Toujours votre

P.

Saint-Pétersbourg, 5/17 mai 1805.

Le soin que vous avez pris, chère bonne enfant, de répondre un peu tous les jours à mon dernier numéro, a été bien aimable, et je vous en dois mes félicitations. Soyez toujours exacte à ce qu'on appelle les *soins de la société* et vous trouverez dans le monde les agréments solides qu'on doit y chercher; soyez-le aux soins de l'amitié et vous aurez des amis. — La *Frau* Pauline a donc trouvé sa petite Dorothée bien grandie! jugez comme je vous trouverai, moi, surtout si nos affaires nous retardent, encore longtemps, le plaisir de vous revoir! Je crois, chère petite amie, que vous pourrez être de retour de Löbikau avant que nous le soyons, ou du moins votre ancien bon ami, de Pétersbourg. Le temps se dépense ici avec une sorte de prodigalité et les affaires vont très lentement à leur terme. L'Empire de Russie est le plus vaste que l'on connaisse de notre globe. Il contient au delà de 42 millions d'habitants, répandus sur une surface immense depuis la Nouvelle Zemble jusqu'aux limites nord de la Perse, et depuis les côtes occidentales d'Amérique septentrionale jusqu'aux frontières de la Laponie norvégienne et suédoise et à celles de la Pologne prussienne et autrichienne. La bonne amie vous montrera cela sur la carte. Toutes les affaires aboutissent à la capitale, pour peu qu'elles soient importantes. Jugez, chère enfant, de la masse qui s'en accumule ici, et du travail prodigieux qu'il faut pour les expédier l'une après l'autre!

Le printemps a recommencé, les arbres s'habillent, la terre fait sa toilette. Mais nous avons encore froid et rien ne se combine avec nos superbes et longues journées. Le bon tuteur se promène beaucoup. J'en ferais autant, si j'en avais la force. Dans quelques jours, on attend l'arrivée

des navires marchands de la Baltique et du golfe de
Finlande jusqu'ici. Déjà, on les a fait devancer par
les huîtres qui n'ont pas la patience d'attendre,
comme les autres marchandises. Avec ces vais-
seaux on a tout ce qu'on p.   . désirer, dit-on; et
l'on va les voir et faire ses emplettes comme à
une foire. Je vous en rendrai compte dès que
nous les aurons vus. — Mon dîner n'y gagnera pas
grand'chose, malgré cela, parce que notre maître
d'auberge paraît avoir fait son menu pour toute
l'année, comme si la mer était toujours fermée.
Le bon tuteur a ri de bien bon cœur, lorsque je
lui ai lu votre prière de *faire venir souvent du
saumon*. Mais nous devons ménager et, cependant,
on dépense prodigieusement.

Je n'ai jamais rencontré de *germanismes* dans
les lettres de la bonne amie. Si elle en fait en
parlant, à ce qu'elle dit, c'est qu'il est presque
impossible de les éviter, vivant longtemps en
Allemagne et parlant plusieurs langues. Mais, ma
petite amie m'en a fait en écrivant et c'est ce que
la bonne amie ne fait pas. Les lettres de madame
de Sévigné et les écrits de madame de Genlis
pourront vous tenir sur la ligne, si vous les
prenez de temps à autre pour rafraîchir votre
style.

La perte de madame de G., de mademoiselle
Minna et de mademoiselle Julie doit vous être

bien sensible, d'autant plus que mademoiselle Minna sera longtemps peut-être sans revenir à Berlin.

Je suis sûr, chère bonne enfant, que je trouverai *tout l'ordre possible* dans votre cabinet. C'est un des premiers mérites d'une personne raisonnable et c'est une grande économie de temps et de mémoire. — Si j'arrive que vous soyez encore à Löbikau, j'attendrai à le voir quand vous serez de retour. Alors il aura tout son prix pour moi.

Adieu, bonne enfant. Le bon tuteur dîne aujourd'hui chez le prince Czartoryski, à un grand dîner diplomatique. Il vous dit mille choses, ainsi qu'à la bonne amie, — et moi j'en fais les honneurs en attendant mon pauvre dîner solitaire. Il y a longtemps que je n'en ai pas fait un pareil. Adieu, chère, chère enfant. Politesse, réflexion, et surtout *point d'humeur!*

P.

Saint-Pétersbourg, 5/17 août 1805.

Un mot à ma bonne petite amie, pour la remercier des jolies lettres que je viens de recevoir d'elle à mon arrivée ici. Il est vrai qu'elles ne sont pas si bien écrites que plusieurs de ces charmants billets qui les ont précédées; mais elles ont le mérite d'avoir été dictées sans brouillon et, sous ce point de vue, elles ont le mérite d'avoir été improvisées. C'est un titre précieux qu'elles ont à ma tendre reconnaissance. — J'attends, chère aimable enfant, la description des réjouissances du 21 de ce mois. — Mon Dieu, que nous étions tous loin de penser que cette année-ci je partagerais cette journée de Pétersbourg!

La bonne amie a eu grand raison de réformer la pensée obligeante, si vous voulez, mais franche en elle-même, de vouloir faire le bien et s'abstenir du contraire pour plaire à ses amies. — Si vous aviez une dette et que votre créancier dans le besoin demandât son argent, pourriez-vous dire à une amie : « Je le payerai pour faire plaisir? » Il faut remplir ses devoirs non seulement sans se soucier de plaire par là à qui que ce soit, mais souvent avoir le courage de déplaire à ce qu'on aime le mieux. Mais aussi, bonne enfant, il faut être bien sûr qu'on remplit un vrai devoir et que nos petites passions ne s'en mêlent point.

Mes compliments à toute votre société.

                              Le 21 août 1805.

Dorothée II entre aujourd'hui dans sa XIIIe année. Son ancien bon ami partage en esprit les réjouissances et les félicitations de ce beau jour.

Les vœux qu'il forme sont aussi vrais, aussi ardents que le sentiment qui les lui inspire.

Puisse ce jour revenir pendant de longues années, riche des progrès des jours qui l'auront précédé !

Puisse Dorothée II mériter toujours mieux ce nom en ressemblant à son adorable maman ! enfin, qu'elle puisse répondre aux soins de son excellente amie et combler les espérances de tout ce qui l'aime, comme

PIATTOLI!

Le 6 février 1806.

Trois petits cachets seront l'hommage qu'un ancien ami offre aujourd'hui à Dorothée II, en lui portant ses félicitations et ses vœux.

Je la prie de les agréer et de les garder toujours, après avoir fait graver *trois lettres* qui lui rappellent trois qualités qu'elle voudra se donner ou trois défauts dont elle voudra se défaire de préférence, pour s'en rendre compte à pareil jour.

P.

K. 11/23 septembre 1806.

Chère aimable amie, votre dernier numéro m'a fait le même bien que fait la rosée sur un terrain brûlé dans un long jour d'été. Je n'ai que le temps de vous dire ces deux mots et de vous remercier. Aussitôt que je rencontrerai un bon petit quart d'heure, vous aurez une épître qui, j'espère, ne sera pas pour vous sans quelque intérêt, surtout si je l'écris en italien pour vous donner un exercice en l'honneur de madame de T., à qui je vous prie de présenter mes hommages. Rappelez-moi à toute votre société, là où vous serez. Vous savez que je suis toujours votre vieil ami.

P.

Saint-Pétersbourg, 29 déc. 1806/10 janv. 1807.

Votre petit billet du 14/26 du mois passé, aimable Dorothée, m'a fait verser des larmes bien douces. Il m'a prouvé que, malgré mon âge et les vicissitudes de ma vie, j'ai un cœur capable des émotions les plus vives, de la tendresse et de la reconnaissance. La pensée charmante, « je suis bien aise qu'aucun malheur ne t'est arrivé dans ma maison », cette pensée est jolie! Je ne l'oublierai de ma vie! C'est là maman, votre adorable maman tout pure. Conservez, cultivez toujours soigneusement cette belle partie de la bonté, n'y mêlez point, autant que vous le pourrez, la faiblesse, et mettez le plus grand choix dans les objets, comme le tact le plus sûr dans les occasions et dans les formes.

Je suis charmé, chère Dorothée, que vous ayez des nouvelles consolantes de nos amis éloignés. C'est tout ce que les bonnes gens peuvent désirer dans le moment affreux où nous vivons. Je conçois qu'on est dans une sorte de tranquillité à Berlin. Mais cet état, bonne enfant, tient à tant de causes! Il peut être envisagé sous tant d'aspects différents! Il y a des vallons paisibles que les poètes se plaisent à décrire : il y a aussi la sombre tranquillité des tombeaux!

Vous trouvez bien laide la Courlande! Chère petite amie, si vous étiez venue à la belle saison, je suis sûr que vous en jugeriez moins sévèrement. Mais vous y êtes arrivée, après un voyage pénible, dans les plus tristes dispositions! Vous avez trouvé un vilain automne au lieu d'un hiver tel que le climat le porte. De plus, vous y avez vu tous les visages allongés, toutes les conversations, toutes les sociétés dans la tristesse! Vous savez qu'on n'est jamais bien quand on n'est pas ce qu'on doit être, d'autant plus si la négligence personnelle s'est jointe aux événements actuels. C'est le cas, me dit-on, en Courlande; car on a beaucoup négligé les embellissements d'un pays qui en était susceptible.

Embrassez la bonne Jeannette et félicitez-la

aussi de ma part de ce qu'elle est revenue de si loin! Espérons qu'on vous l'a conservée pour vous être utile à son tour, et pour vous témoigner sa reconnaissance. Mille choses à tout ce qui vous entoure, et mes respects à la si digne madame de Göckingk. — Chère enfant, voici un petit billet qui a couru beaucoup de pays et qui m'est revenu. Vous verrez la date et combien nous étions loin de ce qui nous arrive. Je me borne à envoyer à la bonne amie la lettre dans laquelle le petit billet était inclus. Je ne lui écris point, car je sais qu'elle n'est pas bien et qu'elle est peu disposée à écrire. Je vous prie de l'embrasser de ma part et de lui dire que sans me répondre directement, je lui demande de me faire savoir par vous, avec tous les détails possibles, l'état de sa santé. Tâchez, bonne Dorothée, de la consoler et de lui rendre tous les soins qu'elle vous a prodigués depuis tant d'années. Bonne enfant, parlez-moi aussi de votre clavecin! Jouez-vous avec maman, dont le goût est si parfait et si noble?

Le bon chevalier de Marnem vous porte des vœux pour la nouvelle année, ainsi qu'à la bonne amie. Il les joint à ses hommages pour votre angélique maman. Cet ami précieux est toujours le même. Il est pour moi ce que sera pour vous toute sa vie

Votre vieux

SCIPION.

Le 5/17 mai 1808.

Croyez, bonnes amies, que l'acquisition de l'ouvrage d'Humboldt, avec tous les cahiers, est d'un luxe excessif pour moi, sans entrer dans l'esprit de ma collection. Il me serait plus agréable de recevoir les bienfaits de notre petite amie d'une manière plus analogue à la collection des cartes que je voudrais compléter pour mon angélique amie. — Ainsi, si je puis prendre le seul voyage, Part. I, avec la carte, je me réserverai de vous demander le reste pour d'autres cartes que je prendrai chez Schropp ou à des ventes.

Mais il n'est pas dit que j'en aurai besoin. Un mot là-dessus de votre part.

Votre toujours

P.

10 novembre 1808.

Il y a cinquante-neuf ans, chères aimables amies, que j'ai commencé mon pèlerinage dans ce bas monde. J'ignore si j'achèverai la soixantaine, que je vais compter dès ce soir. Ma vie a été remplie d'événements bons et mauvais, comme celle de presque tous les hommes. Je dois cependant remercier le Ciel de ce que j'ai eu en partage le bonheur essentiel dans presque toutes les époques de ma carrière. Le moment même où ce souvenir se retrace dans ma pensée est un des plus délicieux. Je puis vous le dire en vous embrassant. Tous les sentiments de l'amitié la plus vraie, la plus tendre, la plus invariable remplissent mon cœur!

[*S. d.*]

Bonne Dorothée, il faut nous donner cette preuve de l'extrême confiance que j'ai dans votre caractère et dans votre discrétion. Toutes les nouvelles qui me sont revenues de différentes personnes, après avoir répondu à votre billet, concourent à m'assurer que Kœnigsberg est perdu. On prétend même en avoir des détails et surtout de deux actions très meurtrières à notre désavantage, du 13 et du 14. Malgré cela nous attendons que la chose soit certaine et connue pour y croire tout à fait. Vous jugez bien, bonnes amies, de mon affliction et du mélange de sentiments qui travaillent mon âme. — Oh! si du moins tout ce que les individus peuvent se faire de bien dans le particulier affaiblissait chez moi les impressions déchirantes des affaires générales! — Mais non, il faut que tout se réunisse pour éprouver la sensibilité d'un homme qui n'a jamais cessé de penser et de vouloir du bien et d'être honnête à tout prix! — Adieu, bonne Dorothée, bonne amie. Le docteur dînera chez nous. Je n'ai pu lui trouver quelque chose de bien digne de sa friandise! Mais il aura du champagne!

Adieu encore une fois. Allez-vous au spectacle? Votre ancien et vieux bon ami pour la vie,

P.

Altenbourg, 28 déc. 1808/9 janv. 1809.

Les deux mots que vous m'écriviez le premier jour de l'an, chère aimable Dorothée, m'ont pénétré. Vous aviez besoin de me dire ces deux mots! C'est ce qui m'a touché bien plus encore, et vous me connaissez assez pour juger de ce que j'ai dû éprouver en vous lisant.

Sans doute, les éléments de la santé sont en nous, comme nous y trouvons les germes de nos maladies. Dans les circonstances les plus pénibles de la vie, il est un sentiment de nous-même, qui nous soutient, lors surtout que ce sentiment est fondé sur tout ce qui nous assure notre estime et celle de nos vrais amis. C'est lui qui m'a tranquillisé pour vous; c'est de lui que je puis tout attendre; et les réflexions très justes que vous avez été dans le cas de faire et dont j'ai été charmé, il y a trois semaines, m'ont dit que je devais y compter. La première qualité d'un vœu quelconque est qu'il soit digne de nous. La seconde, qu'il soit touj·rs subordonné aux événements dont nous dép·ndons. Tous ceux que nous avons formés, vous, et tout ce qui vous aime, ont eu ces deux qualités. Il nous appartenait d'agir de bonne foi et de joindre nos efforts pour en espérer le succès. Mais notre action et nos efforts étaient bornés par les lois de la convenance d'une part, et celles des considérations domestiques de l'autre. On est allé jusqu'où ces bornes l'ont permis. Les dépasser eût été une déraison et une folie inutile. Le rêve de mon cœur s'est évanoui et j'ai été le premier à l'avouer. Et n'était-ce pas à moi de l'avouer aux personnes dont, par ce rêve même, j'avais cru pouvoir assurer le bonheur? L'espérance qui survit à tous nos désirs, comme elle les fait éclore et les nourrit, l'espérance elle-même ne peut se perdre sans entraîner la fin de ces désirs. Les regrets leur succèdent, mais leur durée est presque toujours mesurée, ou doit l'être, par une juste appréciation des objets, ainsi que de nous-mêmes. La tendre amitié qui a présidé constamment à toutes mes démarches, cette amitié dont j'ai donné des preuves à tout ce qui m'est cher me conduit à présent et ne cessera de me guider jusqu'au dernier de mes soupirs. Si ce sentiment vrai, et, autant qu'il me semble, éclairé par l'expérience, inspire encore de la confiance, ses conseils seront écoutés ; et si l'on ne retrouve pas d'abord le chemin du bonheur tel qu'on avait tant de raison de l'attendre, on en ouvrira toujours d'autres qui mèneront à cette félicité des âmes fortes, celle qui se compose des sentiments délicieux de devoirs remplis et des résolutions réfléchies. Nous sommes bien impatients de vous revoir, chère Dorothée, vous et la bonne amie ; les trois semaines qui nous séparent seront très longues à passer. La bonne amie vous attend aussi avec l'empressement de son cœur maternel. J'ai dû souvent admirer son affection inexprimable pour vous ; mais il y a eu des moments où je l'ai vue dans tout son jour et vous auriez été à ses genoux pour la combler de toutes les marques de votre reconnaissance. Je sais que vous y êtes accoutumée dès votre plus tendre enfance et que vous avez appris, par l'éducation même dont vous êtes l'ouvrage, à reconnaître les sacrifices et les peines que vous avez coûtés à cette mère adorable.

— Mais il m'est doux de vous le répéter, chère Dorothée, après les nouvelles preuves que j'ai et les traits touchants de bonté, de délicatesse, d'intérêt dont vous avez été l'objet, toutes les fois que la situation de votre âme et votre bonheur à venir en ont fourni l'occasion. Il est des instants précieux dans la vie qui font plus connaître le cœur que des années ne pourraient le faire. C'est un plaisir délicieux que de saisir ou de rencontrer un de ces instants, c'en est un bien doux aussi que de pouvoir l'attester; et ce plaisir nous a été réservé, à Julie et à moi, pendant notre séjour dans ces contrées. Embrassez pour nous la bonne amie, assurez-la toujours de nos sentiments invariables. Son âme effarouchée ou sa santé affaiblie lui donnent de mauvaises journées. Ses idées se rembrunissent et elle craint jusqu'à ses meilleurs amis, mais vous aurez toujours d'amis plus vrais, avec vos honnêtes ermites.

P. et J.

Vendredi neuf heures du matin [S. d.]

Chères et bonnes amies. Déjà hier matin en rentrant chez moi, je rencontrai quelqu'un qui me donna la nouvelle de Kœnigsberg. Il prétendait qu'il y avait des lettres de différents négociants, qui annonçaient cet événement. Je n'y crus pas, comme de raison. — Dans l'après-dîner, plusieurs personnes m'apportèrent des renseignements vagues qui pouvaient avoir occasionné le bruit ou du moins l'expliquer. A la lecture de ton aimable billet, chère Dorothée, j'ai été frappé de la particularité du jour — Lundi 3/15 du mois. Nous avons eu des nouvelles du 14, de Mémel, où l'on paraissait absolument rassuré sur le sort de cette ville, capitale de la Prusse. Depuis le 15 ou 18 nous aurions dû avoir la certitude de ce fait. Adieu, Dorothée, quelqu'un arrive. — C'était la bonne amie. Elle vous dira, chère enfant, les notices que je viens de recevoir. Il n'y a rien de sûr. Les nouvelles se croisent et se contredisent. Il y a des lettres qui annoncent le retour de l'empereur à Tilsit, et celui du roi de Prusse à l'armée. M. de Toumarsoff (?), gouverneur général à Riga vient de publier une lettre de l'empereur lui-même, du 12, de Tilsit, qui lui mande : « Mon armée a si bien battu l'ennemi que je n'ai plus de Français devant moi. » Tout ceci ne paraît pas menaçant pour Kœnigsberg. Mais enfin, il faut attendre. La certitude d'un désastre arrive toujours assez tôt, et il ne faut pas anticiper sur elle par des conjectures ou par l'imagination. Adieu, chère bonne Dorothée, adieu, bonnes amies. — Vous devinez l'état de mon âme froissée de mille manières pour mes amis, pour l'humanité, pour tout ce qui m'intéresse et nous est cher. Sans adieu.

Toujours votre ancien bon ami,

P.

VI

LETTRE INÉDITE DE L'EMPEREUR ALEXANDRE

A LA DUCHESSE DE COURLANDE

.

Pétersbourg le 10 janvier 1809.

Madame,

J'ai reçu les différentes lettres que vous avez bien voulu m'écrire, dont la dernière par M. de Périgord, et je vous en remercie mille et mille fois. Vous ne doutez sûrement pas, Madame, combien les preuves de votre amitié me sont chères. Mon attachement pour vous est aussi sincère qu'il est invariable.

Les moments que j'ai passés près de vous à Löbikau m'ont laissé des souvenirs bien agréables et j'aime à croire que je jouirai encore du bonheur de vous revoir.

M. de Périgord a augmenté encore, pendant son séjour ici, l'estime que je lui portais déjà! C'est un jeune homme charmant, rempli d'excellentes qualités et bien fait pour faire le bonheur d'une femme. Je désire beaucoup que Votre Altesse et la jeune princesse le jugiez de même et que cette union tant désirée puisse réussir. C'est Périgord que je charge de vous remettre, Madame, ces lignes et vous supplie de me conserver votre souvenir auquel je tiens tant.

Recevez en même temps l'assurance réitérée de tous les sentiments que je vous ai voués pour toujours.

VII

LETTRES INÉDITES DU PRINCE DE TALLEYRAND
A LA DUCHESSE DE COURLANDE

Paris, 14 novembre 1808.

Madame,

Edmond aura l'honneur de remettre ma lettre à Votre Altesse. Elle a bien voulu le traiter avec quelque bienveillance ; il en est fier ; il m'en a parlé avec chaleur et il voudrait employer sa vie à la mériter. Je lui dis que c'est une grande entreprise, que, m'étant un peu occupé des affaires de l'Europe, je ne puis ignorer combien la beauté, la grâce, l'élévation des sentiments donnent à Votre Altesse le droit d'être difficile ; il me répond qu'il sait tout cela mieux que moi qui n'ai pas eu le bonheur d'aller à Löbikau, mais que de la bonté, de la douceur, une conduite éprouvée dans des circonstances difficiles, un désir continuel de plaire sont aussi quelque chose. L'empereur Alexandre a daigné ne pas blâmer son audace, je ne dois pas avoir plus de sévérité : puissiez-vous, Madame, n'en pas montrer davantage. Si Votre Altesse est assez bonne pour m'en assurer, elle fera à jamais le bonheur de mon neveu et voudra bien agréer le dévouement de toute ma famille.

Je prie Votre Altesse de recevoir avec bonté l'hommage du profond respect avec lequel je suis de Votre Altesse Sérénissime le très humble et très obéissant serviteur.

Paris, 7 mars 1809.

Madame,

Il m'est difficile de vous exprimer le plaisir que me donne votre lettre et les heureuses nouvelles que m'apportent M. B*** et Edmond.

Tout ce que l'on m'indique comme pouvant vous être agréable sera fait. Je ne regarde pas Edmond comme un simple neveu, mais comme un des enfants de ma tendresse. J'espère que la princesse Dorothée recevra avec quelque plaisir les marques de l'affection que je désire lui donner, les attentions soutenues dont je tâcherai, dont toute ma famille tâchera qu'elle soit entourée. Je sens combien il faudra les multiplier, non pour compenser, mais pour adoucir les moments où elle sera séparée de Votre Altesse. Je me flatte que ces moments ne seront que passagers, que la France sera le lieu où vous serez le plus souvent. Votre Altesse veut bien me témoigner quelque confiance, quelque bonté; elle peut être certaine qu'il ne tiendra pas à moi de les justifier par le bonheur de sa fille et par le dévouement respectueux qu'aura toujours pour vous,

Madame, votre très humble, etc.

15 juin 1809.

J'ai reçu hier votre aimable lettre, madame la Duchesse. Je n'avais pas besoin d'être aussi seul et dans un lieu aussi triste que Bourbon-l'Archambauld pour qu'elle me fît un bien grand plaisir. Vous me paraissez avoir été contente de Rosny; je l'espérais. Vous vous serez, suivant votre image, trouvée au milieu de gens qui vous aiment et vous respectent, et vous avez, vous, de quoi vous plaire à la campagne. Une vie simple et douce où l'on n'affecte rien, où l'on jouit tour à tour et de la nature et de l'amitié a bien quelque charme pour une personne qui, comme vous, a de l'élévation dans le caractère, du naturel, du goût et de la grâce dans l'esprit. Je reçois des nouvelles de ma mère qui m'inquiètent. Serait-elle donc destinée à jouir si peu de temps du plaisir de voir sa petite-fille ! Le bulletin d'aujourd'hui est meilleur mais il ne me rassure pas encore. A combien de tribulations la vie est-elle destinée, combien d'inquiétudes en marquent presque tous les instants? Je ne sais pourquoi toutes mes idées sont noires. J'ai besoin de me retrouver avec tous les miens et il faut, grâce à Dorothée, que vous me permettiez de vous compter dans ce nombre....

VIII

Je cherchai à marier mon neveu, Edmond de Périgord. Il était important que le choix de la femme que je lui donnerai n'éveillât pas la susceptibilité de Napoléon, qui ne voulait pas laisser échapper à sa jalouse influence la destinée d'un jeune homme qui portait un des grands noms de France. Il croyait que, quelques années auparavant, j'avais influé sur le refus de ma nièce, la comtesse Just de Noailles, qu'il m'avait demandée pour Eugène de Beauharnais, son fils d'adoption. Quelque choix que je voulusse faire pour mon neveu, je devais donc trouver l'empereur mal disposé. Il ne m'aurait pas permis de choisir en France, car il réservait pour ses généraux dévoués les grands partis qui s'y trouvaient. Je jetai les yeux au dehors.

J'avais souvent entendu parler, en Allemagne
et en Pologne, de la duchesse de Courlande. Je
savais qu'elle était distinguée par la noblesse de
ses sentiments, par l'élévation de son caractère et
par les qualités les plus aimables et les plus brillantes. La plus jeune de ses filles était à marier.
Ce choix ne pouvait que plaire à Napoléon. Il ne
lui enlevait point un parti pour ses généraux qui
auraient été refusés, et il devait même flatter la
vanité qu'il mettait à attirer en France de grandes
familles étrangères. Cette vanité l'avait, quelque
temps auparavant, porté à faire épouser au maréchal Berthier une princesse de Bavière. Je résolus
donc de faire demander pour mon neveu la princesse Dorothée de Courlande, et, pour que l'empereur Napoléon ne pût pas revenir, par réflexion
ou par caprice, sur une approbation donnée, je
sollicitai de la bonté de l'empereur Alexandre,
ami particulier de la duchesse de Courlande, de
demander lui-même à celle-ci la main de sa fille
pour mon neveu. J'eus le bonheur de l'obtenir,
et le mariage se fit à Francfort-sur-Mein, le
22 avril 1809.

(T. II, p. 4).

TABLE

SOUVENIRS DE LA DUCHESSE DE DINO

APPENDICES

1083-06. — Coulommiers. Imp. PAUL BRODARD. — 5-08.

CALMANN-LÉVY, ÉDITEURS

DERNIÈRES PUBLICATIONS

— Format in-8° —

DUC D'AUMALE

Histoire des princes de Condé
7 volumes 52 50

1 volume index........... ... 3 50

H. DE BALZAC

Lettres à l'Étrangère, 2 vol 15 »

C. DE BARANTE

Souvenirs du baron de Barante, 8 volumes.......... 60 »

LOUIS BATIFFOL

La Vie intime d'une Reine de
France, 1 volume.......... 7 50

BARON DE BATZ

Vie et Conspirations de Jean
baron de Batz, 1 volume ... 7 50

MADAME OCTAVE FEUILLET

Souvenirs et correspondances
1 volume 7 50

ANATOLE FRANCE

Vie de Jeanne d'Arc, 2 volumes 15 »

PHILIPPE GONNARD

Les Origines de la Légende
Napoléonienne, 1 volume .. 7 50

COMTE D'HAUSSONVILLE

Mon Journal pendant la Guerre
(1870-1871), 1 volume...... 7 50

COMTE O. D'HAUSSONVILLE

La Duchesse de Bourgogne,
tomes I, II et III..... 22 50

COMTE O. D'HAUSSONVILLE et G. HANOTAUX

Souvenirs sur Madame de
Maintenon, 3 volumes...... 22 50

J. LEMOINE et A. LICHTENBERGER

De La Vallière à Montespan, 1 v. 7 50

J. LEMOINE

Sous Louis le Bien-Aimé, 1 vol 7 50

PIERRE LOTI

OEuvres complètes t. I à IX.. 67 50

LUCIEN PEREY

Une Reine de Douze ans —
Marie-Louise Gabrielle de
Savoie, 1 volume......... 7 50

VICOMTE DE REISET

Marie-Caroline, duchesse de
Berry, 1 volume........... 7 50

ERNEST RENAN

Cahiers de Jeunesse (1845-1846),
1 volume 7 50

Nouveaux Cahiers de Jeunesse,
(1846), 1 volume............. 7 50

E. RENAN et M. BERTHELOT

Correspondance, 1 volume ... 7 50

LÉON SAY

Les Finances de la France
sous la Troisième Répu-
blique, 4 volumes.......... 30 »

MARQUIS DE SÉGUR

Le Tapissier de Notre-Dame,
(1678-1695), 1 volume 7 50

Julie de Lespinasse, 1 volume 7 50

CASIMIR STRYIENSKI

Le Gendre de Louis XV,
1 volume 7 50

PRINCE DE TALLEYRAND

Mémoires, avec une préface du
duc de Broglie, 5 volumes.. 37 50

COMTE DE VILLENEUVE-GUIBERT

Correspondance entre Mademoiselle de Lespinasse et
le comte de Guibert, 1 vol 7 50

EUGÈNE WELVERT

Lendemains Révolutionnaires,
1 volume... .. .. 7 50

www.ingramcontent.com/pod-product-compliance
Ingram Content Group UK Ltd.
Pitfield, Milton Keynes, MK11 3LW, UK
UKHW021009140726
13695UKWH00001B/145